JN075148

スマホ・ケータイ持ち込みの基本ルール

学校でのリスク・トラブルをどう防ぐか

文部科学省「有識者会議」座長

竹内 和雄 著

G学事出版

はじめに

超情報化社会到来！

　リモートワーク、ネット通販、オンライン飲み会…。便利な時代になりました。内閣府「令和元年度青少年のインターネット利用環境実態調査」によると7歳児の68.2％がネットを利用しています。

　政府は2016年、目指すべき社会の姿としてsociety5.0を提唱しました。1.0狩猟社会、2.0農耕社会、3.0工業社会、4.0情報社会に続く、AI、ビッグデータを活用した明るい未来を想定しています。当初は10年先の「夢物語」でしたが、コロナ禍が一気に加速させました。「新しい生活様式」は情報機器、特にスマートフォン（スマホ）なくしては考えられない状況です。

　便利で必要不可欠なスマホですが、私たちの社会は、まだスマホと上手に付き合う術を十分に用意できていません。大人ですら長時間利用、ネット詐欺、歩きスマホ等、大きな課題を抱えている状況ですから、子供たちの問題はもっと深刻です。ネット依存、出会いの危険、ネットいじめ等が日々、マスコミを賑わせています。

10年ぶりに文部科学省通知

　そんな状況下の2020年7月、文部科学省が約10年ぶりに、学校での携帯電話の取り扱いに関する新しい通知を発出しました。10年前の通知を見直すきっかけは、2018年6月18日、子供の登校時間帯に発生した大阪北部地震（震度6弱、7時58分発生）でした。詳細は本文で述べますが、

この地震が契機となり、登下校中の携帯電話所持の可否が社会的に広く議論されるようになり、文部科学省で有識者会議が立ち上がり、最終的に新しい通知の発出に至りました。

　社会的に関心の高い問題でしたので、通知が出るまでの間には「情報化社会の今、ルールなしで持って行かせるべきだ」「危険極まりないから所持禁止にすべきだ」等、さまざまな憶測や議論があり、有識者会議のたびに、「携帯電話、持ち込み解禁へ」等、やや扇情的な見出しが新聞各紙に踊りました。

　2020年7月31日に正式な通知が出たのですが、さまざまな解釈の下、多様な意見等が各地で語られました。本文中で詳説しますが、実際は10年前の通知をほぼ踏襲した内容なのですが、「携帯電話の持ち込みが解禁された」と勘違いされる方が多くおられました。有識者会議の座長である私のもとにも、問い合わせや意見表明が殺到しました。「子供の未来を破壊するのか」などの声も多数いただきましたが、実際は「小中学校は校内持ち込み禁止」「高等学校は校内使用禁止」の原則は変わっていません。変わったのは、中学校段階で、学校や自治体レベルでしっかり話し合い、状況やルール設定を定めた場合に持ち込みを認める可能性を示したことです。具体的には4つの条件を提示していますが、来るべき超情報化社会に向けて、私たちの社会は準備を始めていかなければなりません。

「なし崩し」でない携帯電話持ち込み対策を目指して

　これまで、小中学校は原則持ち込み禁止ではありましたが、学校長が認めれば特別に持ち込むことが認められてきました。地域や学校によっては、児童生徒の過半数が持ち込んでいる場合もあります。対応は学校

長判断なので、厳密なルールを決めている場合もあれば、簡単な口頭での確認程度の場合もあります。そうした状況がある中で、トラブルが頻発し、対策に追われている学校も珍しくありません。

　今回、文科省が通知を出したことは、学校、地域、家庭、それぞれで、「携帯電話、スマホについてのルール」を見直す、良い機会だと思います。本書がそのきっかけになれば幸いです。

　なお、本書に執筆した内容は、有識者会議の座長としての公式見解を示すものではありません。あくまで、個人としての見解であることをご承知いただいた上でお読みいただきますよう、ご理解のほどお願い申し上げます。

2021年1月

CONTENTS

携帯電話の持ち込み ルールはこう変わる！

通知の趣旨を正しく読み解く

　文科省、スマホ持ち込み容認へ──６月下旬、こんな見出しが、新聞のトップに踊りました。「そうか！ついに子供が学校にスマホを持ち込んでOKになるのか！」そう思った人も多いでしょう。

　この報道で、社会全体に大きな誤解が生じたと感じています。有識者会議の座長を務めた私のところには、「どういうことですか？」「実情を聞かせてほしい」と知人等からメールや電話での問い合わせが多数寄せられて、かなり混乱しました。

　「はじめに」でも述べましたが、文科省が出した通知は、「小中学校は原則持込み禁止」「高校は原則校内使用制限（授業中禁止、校内使用禁止）」という、10年前に出した通知をほぼそのまま引き継いでいます。つまり、基本方針はほとんど変わっていません。それなのに、こうした報道がなされたのは、新聞社が有識者会議の「審議のまとめ」にあった以下の一文に着目したからのようです。

> 　中学校における、学校への生徒の携帯電話の持込みについては、持込みを原則禁止としつつも、一定の条件のもと、持込みを認めることが妥当と考えられる。

中学校について、自治体や学校の方針を記した一文です。確かに「持込みを認めることが妥当」とはありますが、その前には「原則禁止」「一定の条件のもと」との文言があります。

結果的にこの通知が社会全体に知れ渡るきっかけになり、ある意味ではうれしいことですが、一方では正確なことを知ってもらう必要があると強く思っています。携帯電話を無条件に持って行ってよいわけではなく、実際はかなり高いハードルが設定されています。

持ち込みが認められる条件とは

携帯電話の持ち込みが認められる4つの条件が、文科省の通知に示されています。

①生徒が自らを律することができるようなルールを、学校のほか、生徒や保護者が主体的に考え、協力して作る機会を設けること

②学校における管理方法や、紛失等のトラブルが発生した場合の責任の所在が明確にされていること

③フィルタリングが保護者の責任のもとで適切に設定されていること

④携帯電話の危険性や正しい使い方に関する指導が学校及び家庭において適切に行われていること

ある自治体の教育長はこの文面を読んで、「容認どころか、これまでよりもハードルが高くなった」と言っています。

学校への携帯電話の持ち込みは、実態としてかなり進んでいる地域もあります。現在も、学校帰りに習い事や塾へ通う場合、災害等の安全配

慮等の理由で、中学校はもちろん小学校においても、許可制で携帯電話の持ち込みを認めている学校が少なくありません。特に都市部で多いようです。

　そうした学校の多くは、上記①〜④のようなルールを作らず、トラブル発生時の責任の所在もあいまいなまま、半ばなし崩し的に、持ち込みの許可を出している場合も珍しくありません。「子供の安全」を前面に出されると学校としても認めざるを得ない現実があるからです。

　今回の通知は、こうして「何となく」持ち込みを認めていた学校・自治体に、新たな条件を課した形です。つまり、「持ち込みが容認された」ではなく、「容認する場合のハードルが設定された」と捉えるべきでしょう。

「なし崩し」にストップをかける

　今、世の中は、すごい勢いでデジタル化が進んでいます。ゲームや動画、SNS 等の楽しいものが溢れ、子供たちが携帯電話を使う時間は、年々増えています。そんな時代の変化の中で、トラブルに巻き込まれる子供や、依存症のような状態に陥いる子供も少なくありません。

　このまま、なし崩しに携帯の持ち込みが認められてしまったら、トラブルやいじめ、ネット依存のような事象の増加に歯止めがかからなくなります。実際、先生や保護者はもちろん、子供たちからも心配の声が聞こえてきます。

　先日、ある市の中学校生徒会執行部員と携帯電話のルールづくりについて話し合った時、彼らの多くが「自分たちでコントロールするのは難しい。YouTube とか、見たい動画を次々に提案してくる」「AI に完敗」

「テスト前とかは親に預かってもらう」「制限をかけてコントロールして
ほしい」「SNSは途中で終わりにくい」「みんなでオンラインゲームやっ
ているときって、抜けられない」など、ネットに翻弄されている様子を
話していました。生徒会長はとてもしっかりした女子生徒でしたが、
「スマホ時間を自分で管理できるのは、男子で3割、女子で4割くらい
しかいない」と話してくれました。さらに彼女は、「私自身も自分で管
理するのは難しい。だからお母さんに管理してもらっている」と恥ずか
しそうに話していました。

　先生や保護者からは、携帯電話の持ち込みが認められることを危惧す
る声が数多く聞かれます。ある学校では毎朝、先生が子供たちの携帯電
話を回収し、それを袋に入れて校長室で保管。校長室には20〜30台の携
帯電話が入った袋が学級の数（12個）だけ並んでいるそうです。携帯電
話は高価で、1台10万円くらいします。200台あれば2000万円、300台な
ら3000万円です。そんな高価なものを防犯設備のない校長室で保管…。
無用心極まりありません。校長先生は「覆面姿の窃盗団が押し寄せて来
たらどうしようといつも思う」と話していました。真顔でした。

　このように、責任所在も曖昧なまま、なし崩し的に携帯電話の持ち込
みを認めていると大変なことになります。その意味で、今はこの流れに
いったんストップをかけ、「きちんとルールを作りましょう」という時
期です。「持ち込みを容認する」のではなく、しっかりしたルールづく
りが必要です。こうした状況にあることを少なくとも学校関係者の方々
には知っておいていただきたいと思います。

ルール見直しの契機は大阪北部地震

　今回、約10年ぶりに文科省が通知を出しましたが、そこに至るまでの経緯を振り返っておきます。

　契機となったのは、「はじめに」でも述べた通り、2018年6月18日に起きた大阪北部地震でした。最大震度6弱を記録したこの地震の発生時刻は午前7時58分。ちょうど、子供たちの登校時間帯と重なりました。高槻市では、登校中の小学生がブロック塀の下敷きになって亡くなる事故も発生しています。

　保護者の皆さんは、我が子が無事かどうか、さぞかし心配だったに違いありません。学校に電話をしてもずっと通話中。まったく消息がつかめず、時間ばかりが流れていきました。多くの保護者が「こんな時、子供が携帯電話を持っていれば…」と思ったことでしょう。

　その後、ある地域の保護者たちが「携帯電話の持ち込みを認めてほしい」と声を上げ、紆余曲折あり、大阪府議会で取り上げられ、議論の末、大阪府として携帯電話の学校への持ち込みを翌2019年度から認める方針を10月に示しました。その後、2019年2月にはガイドラインの素案が示されました。

　このガイドラインが示した方針は、「1年間をかけて、各市町村・学校でルール化する」というものでしたが、全国へのインパクトは大きかったようで、追い打ちをかけるように、数日後には「通知の見直しの検討を始める」とする文部科学省の方針が大きく報じられました。正確には「検討を始める」だけで、何も決まっていませんでしたが、新聞各紙が「通知の見直しへ」と報じたため、社会全体が騒然としました。

　私は学校の情報化にはもちろん賛成で、「10年後には子供たちが当た

り前に学校へ携帯電話を持っていく時代が来る。来なければ日本の子供たちの未来が心配だ」などと常々話してきました。しかしそれは、携帯電話の使用制限機能等を含め、私たちの社会が携帯電話を含めたインターネットとの付き合いに関して、ある程度成熟することが前提条件です。大人の歩きスマホでの事故が多発しているような現段階での安易な容認は、学校にとって危機的状況を招きかねないとの強い危惧を持っています。そういうこともあってか、私のところにまで「竹内先生、どうしたらよいですか」などの相談が多数寄せられました。

　そうこうしているうちに、文部科学省に有識者会議が設置され、私自身もそこに参加する形で、2019年5月から検討が始まりました。そして、約1年後の2020年7月に「審議のまとめ」を公表しました。内容は前述した通りで、「きちんとルールを作りましょう」というものでしたが、「持ち込み容認へ」と報道され、今度は学校関係者が騒然とした…というのがこれまでの経緯です。

　通知を正しく読み解いてもらえば、安易に容認しようとする現状の流れにストップをかけ、各学校できちんとルールづくりをするように求めていることが、お分かりいただけると思います。「持ち込みを認めよう」等の声が校区で強くなっても、通知を根拠に「きちんとしたルールを作ってからです」「まずはご家庭の指導もきちんとしてください」と要請することも可能です。

子供の主体性に委ねる

　今回の通知で最も重要なポイントは前述した4つの条件の1つ目、携帯電話の利用に関するルールを子供たちが「主役」となって作り上げて

いくことです。

　新しい学習指導要領で、「主体的・対話的な学び」がキーコンセプト
になり、子供たちを「自律的な学習者」にすることが学校の至上命題と
なりました。知識を一方的に与える授業から、子供たち自身が興味・関
心を持って、主体的に学んでいく授業への転換が求められています。携
帯電話の持ち込みをめぐるルールも同じで、学校が「このルールを守り
なさい」と一方的に押し付けるのではなく、子供たち自身がルールづく
りに参加するプロセスが必要です。

　今回のヒアリングでも、実際に、そうした形でルールを作った学校で
は、ほとんどトラブルが起きていないことが報告されています。このこ
とは、次のデータからも明らかです。

　下の図は、兵庫県青少年本部が約3000人の小中高校生を対象に、「約
束相手別」に「ネットルールを破った」割合をネット依存傾向の「有」

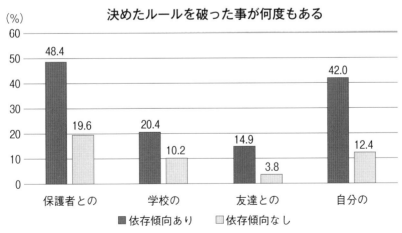

ネットルールを破った経験（公益財団法人兵庫県青少年本部「平成30年度ケータイ・スマホアン
ケート及びインターネット夢中度調査」）

と「無」で比較したものです。

　ネット依存傾向のある子供の方が、「ルールを破った経験者」が多いのは予想通りです。しかし、そうした子も「生徒会の」「友達との」ルールを破る割合は低いことが見て取れます。つまり、自分たちで決めたルールは守ろうとするのです。

　先日、寝屋川市教育委員会が、文部科学省の方針を踏まえ、市内の全ての中学校の生徒会執行部員がオンラインで「携帯電話との付き合い方」について話し合う機会を用意しました。私はその場をコーディネートさせていただきましたが、彼らは携帯電話の持ち込みについても熱心に議論しました。今時ですから、「持ってきてもよい」という意見が多いだろうと漠然と考えていましたが、彼らの意見は予想以上に厳しいものでした。最終的には「小学校は時期尚早で、持ち込ませるべきではない」「中学生でも自分でルールを守ることが難しい場合の方が多い」「手元にスマホがあったら遊んでしまって教室が大変になる」などの声が多数を占めました。もちろん、私や市教育委員会指導主事等が誘導したわけではありません。私たち大人は、小中学生のインターネット使用についてのアンケート結果を示すなど話し合いの全体を統括することに専念し、３校ずつに分かれたブレイクアウトセッションは、大学生が中立の立場でファシリテートしました。この結果には私自身も驚きました。
　その後、市教育委員会は、中学生の意向を尊重し、校長会や市PTA協議会、青少年指導員会から意見を聞き取り、最終的に「小中学校原則禁止」を崩さず、許可制で持ち込みを認め、携帯電話の保管については「学校の指示に従う」というルールを示しました。

「ルールづくりを子供たちに任せたら、学校が無法地帯になってしまうんじゃないか」と心配する人がいますが、そんなことはありません。話し合いのためのデータをしっかり示し、話し合う時間を確保すれば、今どきの中高生は実態を踏まえて主体的に考えます。携帯電話の便利さや楽しさだけでなく、その危うさもよく認識した上で議論を進めます。これは寝屋川市に限ったことではなく、日本中で開催しているスマホサミットで実証ずみです。それでも、今回の話し合いには、私を含め、その場にいた大学生等も舌を巻きました。子供たちはメリットとデメリットを見比べ、より良い判断を下そうと尽力しました。彼らが「原則禁止」を選んだから素晴らしいわけではありません。「自分たちの問題を自分たちで考えて正していこう」とういう姿勢が素晴らしいと感じたのです。

　彼らが「携帯電話を持ち込んでよい」という結論を出したとしても、そのことで学校が大変になることはないと確信しています。彼らは自分たちの学びの場である学校が大変になることを望んでいません。彼らなりに道筋をつけて、全校生徒に呼び掛けていくと思います。

　実は、寝屋川市の中学生たちは、10年近く、市内の中学校が集まって、自分たちの問題について自分たちで考えてきた歴史があります。毎年、泊りがけで寝食を共にして議論を重ねてきました。そういう意味では、特別な生徒たちなのかもしれませんが、こういう機会を用意して鍛えていけば、妥当な話し合いができるようになると再認識しました。これからの時代は、そうやって課題対応の多くの部分を子供たち自身に任せ、「自治」をさせていくのが、生徒指導においても大きな流れになるでしょう。そうならないと日本の未来はないと思っています。

持ち込み容認の流れに歯止めはかけられない

　この PART の最後に、今後の展望をお話しします。文部科学省が今回、こうした通知を出し、持ち込みのハードルは高くなったわけですが、一方で持ち込みを容認していく流れ自体には、歯止めがかからないだろうと私は踏んでいます。

　根拠は三つあります。

　一つ目は、コロナ禍です。オンライン授業、リモートワーク、遠隔医療、ネット通販など、コロナによる自粛中、私たちの社会はインターネットから大きな恩恵を受けました。自粛が明けてからも、私たちとインターネットとの関わりはどんどん強くなっています。10年くらい社会全体の情報化が一気に早まった印象です。こういう傾向が、学校への携帯電話の持ち込みを容認する流れにも拍車をかけるでしょう。

　二つ目は、技術革新です。携帯電話等の使用制限機能等が、格段に進化してきています。例えば、ある装置を置けば半径100メートルで携帯電話の使用ができなくなります。すでに実用化のメドが立っているそうですが、今その装置を学校に置くと、近隣の民家も電波を受信しにくくなることもあり、まだ実用には至っていないのだそうです。この装置が安価で実用化されたら、持ち込み容認の流れは一気に進むでしょう。この種のルールはアナログなルールとデジタルなルールの両面が必要で、日々進化し続けています。

　三つ目は、「スマホネイティブ2世」です。次ページのグラフを見てください。2017（平成29）年と2019（令和元）年の「ネットの利用率」を年齢別に示したものです。このグラフを見て、気付いていただきたいポイントが二つあります。一つは、わずか2年間でネットの利用率が、

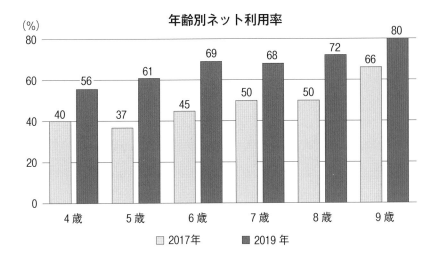

年齢別ネット利用率

大幅に跳ね上がっている点です。小学校低学年はもちろん、幼稚園児も普通にネットを使う時代が到来したと言えます。

　もう一つのポイントは少し難解です。グラフをよく見てください。2017（平成29）年の「４歳」の利用率は40％で、「５歳」の37％よりも高くなっています。これまで、ネットの利用率は例外なく、年齢と共に上がってきました。でも、ここだけが逆転しています。

　一体なぜ、こんな現象が起きているのでしょうか。以下、私の研究室のゼミ生の推察です。

　「高校・大学時代からスマホを使ってきた『スマホネイティブ』世代が、母親になった。日本にスマホが登場したのが2008年。それから10年以上が経ち、当時の高校生や大学生は今、20代後半〜30代前半になっている。そういう『スマホネイティブ』の子供たち、すなわち『スマホネイティブ２世』が、2017（平成29年）の４歳世代にたくさんいるのではないか。」

エビデンスのない、一大学生の論考ですので、ここを強調するつもりはありませんが、「スマホネイティブ2世」が学校にやってきたことは事実でしょう。

　ちなみにこの世代は現在（2020年度）、小学校2年生になっています。5年後には中学生、8年後には高校生になります。学校に「スマホネイティブ2世」が大挙して押し寄せてきます。否、小学校にはすでに押し寄せてきているのです。先生方、大丈夫でしょうか。「禁止だけでは立ちゆかない」「賢い使い方を身に付けさせなければならない」といった声が、日々大きくなっているゆえんです。

「過渡期」だからこそ必要なこと

　こうした時代の流れもあって、おそらく10年後には、中高生はもちろん小学生も、普通に携帯電話を学校へ持っていく時代が到来していると考えています。「それなら、早く容認しちゃえばいいじゃないか」と言う人もいるでしょうが、それは違います。今、この状況で安易に容認すれば、トラブルが多発し、子供も学校も大変な目に遭います。

　例えば、世の中に自動車が登場した際も、人々が事故の恐ろしさを認識していなかった上に、安全面の装備も十分ではなく、毎年多くの人が事故で亡くなりました。しかしその後、交通安全教育の徹底や違反取締りの強化、安全装置の開発等によって、事故による死者数は激減しました。

　携帯電話も同じで、子供の安全を守るためには、教育やルール、テクノロジーなど、多面的に対策を講じていく必要があります。このプロセスを抜きにして、なし崩し的に持ち込みを容認すれば、事件やトラブルが多発します。

10年後には、テクノロジーも大幅に進歩するでしょう。先の「スマホを使えなくする装置」も、学校の敷地内だけでそうした制限がかけられる方向で当然進むでしょう。使用できる「場所」の制限よりも簡単なのは、使用できる「時間」の制限です。すでに、iOS では「スクリーンタイム」、Android では「ファミリーリンク」という機能があり、子供が端末を利用できる時間を保護者がコントロールできます。この機能もさらに進化すれば、学校の時程に合わせた使用制限が、より緻密にできるようになるでしょう。その設定を持ち込みとセットにすれば、今の大人の不安の多くが解消されます。

　こうしてテクノロジーが進化し、さらに子供たちに「自己指導能力」が備われば、持ち込みが容認になったとしても事故やトラブルはさほど起こらないはずです。言ってみれば今は「過渡期」です。だからこそ、今回の通知に示したように、子供たちの主体性を生かす形で、各校がきちんとルールを定めていくことが大切です。

PART 2

想定されるトラブル事例集
～携帯電話の持ち込みを
「なし崩し」的に認めたら～

　PART 1 で述べたように、何のルールも定めないままなし崩し的に携帯電話の持ち込みを認めてしまったら、いろいろなトラブルが起こります。私が全国各地の学校関係者や保護者から聞いた話をもとに、実際に起きた事例や心配に思っておられることなどを紹介します。

CASE 1　生徒から「個人情報を見られた」との苦情が…
（中学校教員40代男性／中国地方）

　ある時、生徒間のいじめが発覚し、加害生徒とおぼしき男子生徒を呼んで事情を聴きました。最初は否定していたのですが、数々の証拠を突きつけたところ、本人はしぶしぶ認めました。

　そのため、「学校いじめ基本方針」に基づき、保護者を呼び出したところ、父親が「うちの子がいじめたのはもちろん悪いので、誠心誠意謝罪させるが、息子は『先生たちが知りすぎていておかしい。スマホを見ない限り、絶対に分からないことを知っている。学校に預けているうちに、先生が勝手に見たに違いない』と息子が言っている」とすごい勢いで怒りだしました。挙げ句の果てには「プライバシーの侵害として裁判を起こす」と騒ぎ立てました。

　もちろん、勝手に生徒のスマホを見るなんてしません。いじめの発覚は、加害生徒の友人がこっそり教えてくれたものでした。友人の立場を守るためにそのことを伝えるわけにもいかず困っています。

同様のクレームが、全国各地の先生から報告されています。この例は、まだ裁判にはなっていませんが、地元選出の議員が市議会で問題にするなどの動きが起きています。その過程で、こっそり教えてくれた友人の立場が危うくなってしまい、先生方は頭を抱えています。こういう事態にも、学校は備えておかなければなりません。

> **CASE ❷** 生徒から「学校に預けているうちに壊れた」と言われた　（中学校教員30代女性／関西地方）
>
> 　生徒から「スマホを学校に預けているうちに故障した」との訴えがありました。保護者も執拗に「弁償してほしい」と言います。本当に学校が保管中に壊れたのかどうかは定かではありません。
>
> 　疑いたくはありませんが、「もともと壊れていた携帯電話を持ってきて、修理代をくすねようとした可能性もある」と言う教員もいます。騒ぎを聞きつけた他の保護者（PTA役員）が、「あの子は小学校の時にも『サッカーボールがパンクした』とクレームをつけ、みんなでお金を払った。今回も言いがかりに決まっている」と言っていて、保護者を巻き込んだトラブルになっています。

　こうしたトラブルの他に、預かっていない携帯電話を「預けたはずだ」と主張された例もあります。こうした場合、修理や弁償の費用は、誰がどのように支払うか、または支払わないのか、事前に決めておく必要があります。

　余談ですが、以前、フリーマーケットアプリで、壊れて使い物にならなくなったスマホが多数出品され、高校生の多くが購入していました。

壊れたスマホを、一体何のために購入するのか、皆さんはお分かりになりますでしょうか。

　理由の一つは、「壊れたスマホを学校に預け、自分のスマホを手元に置いておくため」です。先生としても、いちいち携帯電話の確認、ましてや動作確認などしません。「ダミー」の携帯電話を渡されれば、「預かった」と認識するでしょう。そんなトリックを使って、休み時間や授業中に、こっそり携帯電話を使おうとする子供もいます。

　当時、高校の多くはスマホ等への指導体制が十分でなく、このような抜け道が横行していました。その後、スマホ等への対応が懲罰規定に位置付けられ、体制が整えられるにつれてこういう例はあまり（まだ一部にはありますが）聞かなくなりました。注意しておかないとこれからスタートする小中学校ではこういうケースの再来も予想されます。ちなみに、今調べてみても、2000〜3000円程度で50台以上が出品されています。残念ながらこれが現実です。こういう現実を直視して、学校は準備しておかなければならないのです。

　こうして見ても、携帯電話を「学校が預かる」という保管方法には、限界があります。一方で、子供自身にカバンやポケットの中で保管させれば、授業中や休み時間に使ってしまう可能性があります。では、どうすればよいのでしょうか。この点の対処方法は、PART 5で詳しく解説していきます。

CASE ❸ 生徒が「携帯電話を盗まれた」と言ってきた
（中学校管理職50代男性、九州地方）

うちの校舎は築40年と老朽化しています。セキュリティ面も、非

常に脆弱な状況があります。

　体育や音楽等の授業で移動中、子供たちはカバンに携帯電話を入れ、教室を南京錠で施錠します。南京錠ですから、工具などを使えば簡単にドアは破れますし、使わなくても蹴破れば簡単に入ることができます。そんな中、体育の授業中に、ある男子生徒のスマホがなくなってしまいました。ゲームに夢中な子で、大切なデータがたくさん入っていたこともあり、「盗まれた！」と大騒ぎし始めました。

　うちの学校は、体育の授業時は更衣後に体育委員が施錠し、その鍵を職員室の壁面にぶら下げることになっていました。教室は無人ですし、職員室の鍵がずっとそこにかかっていたかを誰も証明できません。保護者を巻き込んで騒然となりました。

　顛末を話すと、同級生がからかうためにスマホを隠しただけでした。大きなトラブルにはなりませんでしたが、危ないところでした。すぐに職員会議を開き、体育等で移動する場合は、各自が携帯電話を持参し、先生が用意した箱に入れるようにしました。

　怖い話です。学校は、スマホ等の高価な物品を保管することを想定して作られていません。しかも「性善説」を前提に成り立っています。

　携帯電話に限らず、学校という場所では、物品を盗もうと思えば比較的簡単に盗めます。ただ、これまでの学校には、それほど高価な物が校内にありませんでした。だから、その程度のセキュリティでよかったのかもしれません。しかし、そこへ携帯電話という桁違いに高価な代物が入って来たから大変なのです。

PART1でも述べたように、携帯電話は1台約10万円もします。教室にはそれが何十台もあるわけで、簡単に盗めてしまう状況があれば、魔が差してしまう人がいないとは言い切れません。そう考えても、「性善説」を前提にしたセキュリティ体制は、考え直していく必要があるでしょう。

　ちなみに、実際に盗難事故が起きたときに、学校は責任を問われるのでしょうか。私が何人かの弁護士に聞いた限りでは、きちんと施錠をするなどしていれば、盗難・窃盗事件として扱われ、管理責任を問われることはないだろうとのことです。ただ、異なる見解の弁護士もいます。持ち込みに際しては、「同意確認書」を交わしておく必要があるゆえんです。この点は、PART3で具体的に紹介していきます。

　幸いにして、私が聞く限り、学校での大規模な盗難事件は今のところ起きていません。しかし、以前、スキー教室で生徒たちの財布や携帯電話など数百万円相当が盗まれるという事件がありました。学校で同じような事件が起こらないとも限りません。

　また、問題は携帯電話の保管だけの話ではありません。これから高度情報化社会を迎え、子供たちも高額な物品を持ち歩く時代です。「GIGAスクール構想」により、2021年度からは児童生徒が1人1台ずつ情報端末を持つことになります。こちらも1台10万円近くはするでしょう。

　高等学校の多くは、1人に1つずつ鍵のかかるロッカーを用意しています。小中学校にもそれが当たり前に求められる時代が、もうすぐそこまで来ています。そういう問題提起が、携帯電話の持ち込みを機になされていると考えるべきでしょう。

CASE ④ 授業中に生徒がこっそりスマホを使用

（中学校教員30代男性／関西地方）

　先日、普段落ち着きのない生徒が珍しく大人しく授業を受けているのでうれしく思っていました。テスト前なので、やっとその気になったのかと思いきや、近づいてみると机の下でスマホの画面を見ていました。とっさに取り上げ、放課後に指導すると「テスト前で塾の宿題が多くて困っている。解説動画を見て問題を解く課題だったからばれないと思ってやっていた」とのことです。

　ゲーム等ではなく、勉強が目的だったので、保護者を呼び出してすぐに返したのですが、よく考えたら、こういう事態は今後も起こりそうで心配です。

　携帯電話の保管方法はさまざまですが、中には電源を切った上で、子供たちに各自のカバンで保管させている学校もあります。そうした学校では、子供が授業中にこっそり携帯電話を使うこともあり得ます。教員が預かる学校やロッカー保管の学校でも、先述した「ダミー携帯」を使われてしまえば、そうした事態は起き得るでしょう。

　特に、オリンピックやワールドカップの時などは、「歴史的瞬間を絶対に見たい！」という子供が少なくありません。かつての学校では、生中継の様子を職員室のテレビに映し出し、先生が固唾を飲んでその様子を見守ることも実際にありました。先生によっては、「昼休み、一緒に見よう！」と生徒に声を掛ける人もいるくらいです。国民的行事が行われている時は、何となくそれを容認してしまうような空気が学校にはあります。

その程度の話ならかわいいもので、学校での「こっそり使い」が横行すれば、もっと深刻なトラブルが起きかねません。例えば部活動中、顧問が厳しく指導している様子を生徒がこっそり撮影し、「しごきだ！」などのコメントをネットに上げられてしまうこともあります。

　先日、私が実際に関わったのは、バレー部の特訓に関する事案です。その部は県大会優勝を繰り返す強豪ですが、至近距離でのレシーブ練習などは「傍から見たら暴力的とも見える」と以前から賛否が分かれていました。実際にそれがネットに上げられて大炎上してしまいました。あまりにも厳しい練習に耐えかねた部員が、級友に頼んで撮影してもらったものでしたが、顧問の先生は、今に至るまで部活に関われていません。保護者が署名運動を行っていますが、地元議会で取り上げられたこともあり、そう簡単にはいかないようです。

　こうした事例の他にも、例えば関西の先生が「アホかお前！」と親しみを込めて投げ掛けた言葉が、その部分だけ切り取ってネットに上げられれば、「なんて下品な！」「暴言だ！」などと、全国の人たちから袋叩きにされるようなことだって起きるかもしれません。さらには、授業があまり上手とは言えない先生の荒れた授業を生徒がこっそり撮影して、「つまらない」「授業崩壊」などのコメントとともに、ネット上に晒されてしまう可能性もあります。実際に炎上までには至っていませんが、似たような危なっかしい相談が私のもとに複数届いています。

　学校はこれまで、ある意味では「聖域」でしたが、世の中の常識と同じレベルで監視される時代がもうすぐそこまで来ているのです。「監視」という言葉が大げさすぎるとすれば、「教師の一挙手一投足が衆目にさらされる」時代が来ています。ある意味で牧歌的な雰囲気・規範は

もう限界でしょう。

　これまでの教員は、多少不適切な指導、いい加減な授業をしていたとしても、大きな問題になることがありませんでした。これまでの学校は、厳密さ以上に、教師に人間的な部分を多く求めてきたからかもしれません。教職が「聖職」と呼ばれたりすることからも窺えます。しかし、そういうものがいったんネットに上げられれば、たちまち炎上して、世間のバッシングを浴びることとなります。もちろん、授業中にスマホを使用させないことが大切ですが、一方ではプロとして、「世間に見られても問題ないような指導」を心掛けることも必要です。

　覚えている方もいると思いますが、数年前、九州の高校で生徒が先生を蹴り飛ばす動画がネット上に拡散され、テレビなどで報じられたことがありました。生徒に対する非難が殺到したことはもちろん、先生が蹴られているのに、笑って見ているクラスメートも非難の対象になり、さらに「そういう風土を作っている」と、学校まで批判の対象になってしまいました。スマホの持ち込みがなし崩し的に認められ、「こっそり使い」が横行すれば、こうした騒動が起きるリスクもあります。

CASE ⑤ **保護者に「その指導、体罰だ！」と言われた**
（小学校教員20代男性／関西地方）

　うちの学校で支援が必要な男子児童が、男女４人組のグループにからかわれて、命令されてズボンとパンツを脱ぐという出来事がありました。担任の先生は４人組の１人であるＡ子を呼び出し、なぜそんなことをしたのかと聞きました。しかし、Ａ子は何も話しません。次第に担任はヒートアップし、Ａ子を正座させ、高圧的な指導

は1時間にもわたりました。

　数日後、A子の父親が、「1時間もひどい罵声を浴びせ続けるなんてどういうことだ。しかも正座で。体罰だ！」とカンカンになって電話をしてきました。

　実は教師が指導中、A子はポケットにスマホを忍ばせ、LINEの無料通話をオンにしていました。ズボン脱がしの首謀者・B子が、自分が指示したことがバレないよう、A子のポケットにスマホを忍ばせ、別の場所で録音しながら聞いていたのです。結局、その録音をA子の父親が聞くところとなり…、というのが事の顛末です。

　この話を聞いて、「ひどい話だ」「信じられない」と思った人もいるでしょう。もちろん、この事例は携帯電話の持ち込みが原因で起きたものではありませんが、学校を取り巻く環境は確実に変化しています。私たち学校教育に関わる者は、認識を新たにする必要があるでしょう。

CASE 6 歩きスマホによる事故が心配…
（小学校PTA副会長40代女性／四国地方）

　学校へのスマホの持参を許可した際、最も心配されていることは「歩きスマホ」です。子供は何かに夢中になれば、周囲が全く見えなくなります。車道側にはみ出て車にはねられたり、側溝に落ちてけがをしたりといった事故が起きそうで心配です。本校の場合、集団登校しているわけではないので、ことさら心配です。

　ご存じの通り、登下校中は「学校管理下」です。もし、事故が起きた場合は、独立行政法人日本スポーツ振興センターによる「災害共済給付

制度」が適用され、医療費などが支払われます。

　ただし、「学校管理下」だからといって、学校が責任を問われることはありません。とはいえ、いざ事故が起きてしまえば、学校の安全指導の不十分さ、通学路の選定の問題などが追及されることも想定できます。この点については、同意確認書（PART 3 参照）等で、責任の所在等を明確に記載しておくべきです。

　登下校中も「電源を切ってカバンに入れる」をルールにしている学校もありますが、「電源を切っていたら、災害時、連絡が取れない」という声もあり、難しいところです。でも、電源が入っていたら使いたくなります。大人でも「歩きスマホ」で、駅のホームや階段から転落することがあります。この点は、慎重に考える必要があります。

　「歩きスマホ」については、大人が常習している限り、子供にいくら指導をしても説得力がありません。その意味で、「歩きスマホ」を大人が率先してやめ、本当に危険という意識を社会全体で共有することが急務です。

CASE 7 スマホを持たない子が肩身の狭い思いを…
（中学校保護者40代女性／関西地方）

　みんながスマホを学校に持ってくるようになると、持っていない子が肩身の狭い思いをしないか心配です。学校の調査ではスマホ所持率は 8 割を超えていますが、うちではまだ持たせていません。みんなが学校に持ってくるようになると、「みんな持っている」と子供に言われそうで心配です。そう言われると親としては弱いものがあります。持ち込みをきっかけに、所持や利用の一般化が進まない

か、とても心配です。

　今は大半の高校生が、スマホを持っている時代です。私の調査でも、都市部では中学生の所持率が8割を超え、小学生の高学年も過半数を超えています。中学生は部活動やクラスの連絡を LINE で普通に行います。彼らはそういう連絡を「業務連絡」と呼び、自分の趣味等は Instagram 等の SNS で行います。

　7〜8年くらい前、まだ LINE が世に出たばかりの頃は、LINE が何かすら大人の多くは知りませんでした。一方、中高生は当時から、使いこなしていました。私は研修会等で LINE を紹介し、子供たちがどんな風に使っているのかを説明しました。すると、教員や保護者の中には、「そんなもの使わせたくない」「亡国の機器だ！」などと怒り出す人までいました。

　今はどうかと言えば、ほとんどの大人はそうは言いません。自分自身が LINE を使いこなしているからです。中高の教員の中には、部活動関連の連絡を LINE で行うなど、業務連絡用ツールとして使っている人もいます。教員と生徒間のメールや無料通話アプリでのやりとりについては、これを禁止する自治体が多いように、ルール違反です。しかし、LINE 等が生活インフラになりつつある今、何となく認めてしまっているムードがある地域も多く、私は強い危機感を持っています。ルールがあるのに守られない、そういう状況が一番危険です。今後、このような傾向はますます強まるでしょう。学校はもちろん、社会全体で考えていく必要があります。

忘れてならないのは、一部の子供は、家庭の方針・事情により携帯電話を所持していないという事実です。中学校でもまだ2割近くはいます。今後、大半の子が当たり前に学校へ携帯電話を持ってくるようになっても、そうした子は必ずいて、「お前なんで持ってないんだ」と、肩身の狭い思いをするかもしれません。学校としてLINE等での連絡を強要できないゆえんです。

　Zenly（ゼンリー）というアプリがあります。登録したメンバー間で、それぞれの位置情報を共有するアプリで、高校生の間でも広く使われています。先日会った北陸の高校生は「クラスのほぼ全員が使っている」と話していました。自分の位置がみんなに知られるのをどう思うか聞いてみると、「田舎だから、学校か家か電車かしかないから個人情報なんかじゃない」「通学途中、友達がいたら探して話せるから便利」など、肯定的でした。こういうアプリは都市部より地方から広まっている印象があります。

　閑話休題。仲間と「常につながっていたい」と思う生徒が多く、仲良しグループから少しでもはみ出すと、SNSで叩かれないか、常に心配しています。子供たちの間に漂うそうした同調圧力のことを考えれば、携帯電話を持っていない子が肩身の狭い思いをしないような配慮も必要です。

　その点で徹底したいのが、「校内での使用禁止」というルールです。今回、「持ち込みの容認」が広く報じられ、「子供たちが学校で携帯電話を使えるようになるんだ」と思っている人もいるようですが、決してそうではありません。子供が携帯電話を使えるのは登下校の時だけ、すなわち「登下校の安全のため」です。学校にいる間は電源を切り、ロッカー等に預けたり、カバンの中で保管したりするのが原則で、実質的に

携帯電話のあらゆる機能は完全に無効化されます。この点は、今回の通知の中でも、押さえておきたいポイントの一つです。

　また、大きな誤解はBYODです。「Bring Your Own Device」の略で、学校で自分が所有する情報端末を活用することを指します。スマホをそういう用途で使わせるべきだというのです。中には「世界中、そういう流れだから、日本だけ乗り遅れるわけにはいかない」と言う人さえいますが、これは全くの誤りです。BYODは世界中で行われていますが、スマホのような小さな機器を授業で活用している例はほとんど聞きません。タブレット端末やノートパソコンが一般的です。

　確かに、日本でも一部の学校で、スマホで自分の意見を書き込んで皆で共有するという実験授業が行われています。でも、それだけのために大きなリスクを冒す必要はないというのが一般的な意見です。今回の有識者会議の議論でも、ここは全く切り離して考えています。

　学校教育におけるICTの活用については現在、「GIGAスクール構想」で、国をあげて取り組んでいるところです。そのあたり、しっかり切り分けて考える必要があります。

　ともすればこういう議論は0か100かの水掛け論に終始します。私は30か50か80か、どのレベルで子供に認めるかを地域ごとに考えていくべき事柄だと思っています。

　10年後には、子供たちが当たり前に携帯電話を学校へ持っていく時代が来ているはずです。逆に、来ていなければこの国の未来は不安です。

　しかしそれは、学校で携帯電話を使えなくするようなテクノロジー、特定の時間だけ携帯電話を使えなくするような端末側の設定が可能になっていることが前提です。その上で、地域をあげて対策していくべき

だと思います。この国の未来を背負っていく子供たちのためです。英知を結集すれば、たやすいことでしょう。

　余談ですが、皆さんは携帯電話を持たせない家庭とは、どんな家庭だと思われるでしょうか。どちらかと言えば、経済的に困窮気味の家庭をイメージする人が多いと思いますが、違った見解を持つ方もいます。

　先日、ある自治体で生活保護に関わる仕事に従事する方々と話す機会がありました。その中の一人は、エビデンスのない印象だと断った上で、「経済力とスマホの所持率は反比例している気がする」と言います。経済的に恵まれていて、教育方針もしっかりしている家庭ほど、子供に携帯電話を持たせる時期を遅くしようとし、貧困等で困窮している家庭ほど、早い段階でスマホを買い与える、と言います。渡してしまえば、子供が勝手に遊んでくれるので、育児が楽だからかもしれません。もちろん、貧困のため持たせることができないご家庭もあります。しかし、それだけではない、ということも考慮しておく必要があるでしょう。

CASE 8　子供がネット依存症にならないか心配

（中学校 PTA 会長40代男性／関東地方）

　「子供がネット依存症ではないか」と心配する保護者は少なくありません。コロナ休校の時、ずっとネットばかりしていた子がやめられないまま不登校になったケースもあります。学校がスマホの持ち込みをなし崩し的に容認すれば、子供が授業中や休み時間もスマホをこっそり使い、依存傾向に拍車をかけることにならないかとても心配です。

2019年にWHO（世界保健機関）が「ゲーム障害」を正式に病気に認定しました。これからは「ゲーム障害」で受診すれば保険が適用されます。ゲームをしない人の中には、「だらしがないだけだろう」と眉をひそめる人もいるでしょうが、「ゲーム障害」はアルコール依存、ギャンブル依存と同じく「病気」です。特に最近のゲームは巧みにできていて、一度夢中になれば簡単にはやめられません。その意味でも、大人がきちんと制限し、コントロールしてあげる必要があります。

　以下、WHOが示した「ゲーム障害」の診断基準です。

①ゲーム時間や頻度を自分でコントロールできない
②日常生活でゲームを最優先する
③生活に問題が起きてもゲームを続ける

　こうした状況が1年以上続くと「ゲーム障害」と診断されますが、「重篤な場合は、もっと短期間」で診断される場合もあります。やっと「病気」だと認定されたばかりで、この分野はまだ分かっていないことがたくさんあります。世の中に諸説ありますが、これからその実態が明らかにされていくでしょう。

　ここでは、これまでの海外での研究知見から、少し述べてみたいと思います。

　ネットに限らず、刺激は短い間隔で受け続けることで、依存に陥る危険が高まります。昔のロールプレイングゲーム等と比べて、最近のゲームの1回あたりの所要時間は短く、そういう影響もあるのかもしれません。また、週30時間の利用を超えると依存に陥るリスクが高まります。

週30時間ですから、1日4時間程度使うと危険なわけです。

　コロナ禍の休校期間中は、日本中の子供たちがネット漬け、ゲーム漬けになっていました。休校が3カ月だったから多くの子供が通常の生活に戻れましたが、1年続けば子供たちは危険でした。

　私が関わった大学生の実例です。その学生は、猛勉強の末に全国的に有名な大学の医学部に入学し、下宿生活を始めました。ところが、1カ月もたたないうちに、大学へ通わなくなりました。大学から連絡を受けた母親が下宿先に行くと、ゲーム三昧で昼夜逆転の生活をしています。その学生は小学生の頃からゲームに没頭してしまう傾向があったため、母親が高校卒業までは携帯電話やゲームを禁止にし、勉強に集中させるようにしていました。その結果、医学部に合格できたわけですが、一人暮らしを始めた途端、ゲームへの依存状態が「再発」したわけです。

　仕方がなく、母親はしばらくの間、下宿先に泊まり込んで、ゲーム機等をすべて廃棄して、息子がゲームをしないように監視しました。すると大学へ行けるようになり、母親も一安心して実家へ戻りました。ところが母親が帰った途端、アルバイトして自分でゲームを購入し、再びゲーム三昧の日々に戻ってしまったのです。

　その学生は最終的に大学を退学し、母親のもとで生活するようになりました。ゲームは禁止され、地元から通える医学部に再度合格して、今は元気に大学に通っているそうですが、母親は「いつか家を出た後、ゲーム三昧にならないか」と不安がっています。また、「小学校時代、ゲームを取り上げるのではなく、ルールを守れるようにしつけるべきだった」と反省しておられますが、一方で「ゲームを渡していたら、医学部には合格できなかった」ともおっしゃっていました。

このように、医学部に合格するほどの学力がある人でも、「ゲーム依存症」に陥ってしまうことがあります。似たような例を全国各地で耳にします。

　では、どうすればよいのか――方策は大きく二つあります。一つは、大人がきちんと「制限」をかけることです。現在のゲーム機や携帯電話の多くには、閲覧できるサイト等を制限する「フィルタリング」や保護者が子供の携帯電話利用を監視・制限する「ペアレンタルコントロール」などの機能があります。前述した iPhone の「スクリーンタイム」や Android の「ファミリーリンク」を使えば、保護者が子供のスマホの使用可能時間をコントロールできます。

　もう一つは、繰り返しになりますが、スマホ利用のルールについて、学校内あるいは家庭内で話し合いをすることです。今どきの子供や若者は、大人が「これをやりなさい」と言っても、納得しません。納得しないまま、形だけ従わせても、そんな規則はすぐに破ります。

　今はスポーツ界も、選手たちの自主性に委ね、選手自身が練習メニューや戦略を考える指導が主流となってきました。駅伝の青山学院をはじめ、そうしたチームの方が結果も残しています。そうして考えても、子供の「自律性」や「自己指導能力」を育んでいくことが大事です。

　とはいえ、それだけでは、「ネット依存」や「ゲーム依存」を防ぐことはできません。生徒たちの「自律性」や「自己指導能力」を育みつつ、それがしっかりと定着するまでは、「フィルタリング」「ペアレンタルコントロール」などのツールを使って、大人が使用制限をきちんとかけることが求められます。

乳幼児期は、保護者がルールを決める「他律」が基本です。大学生は基本的には、自分でルールを決める「自律」でしょう。「他律」から「自律」に至る過程で、徐々に「自律」の度合いを高めていくことが重要です。

　先日、小学校2年生の保護者が、スマホを息子さんに初めて買い与える場面に立ち会いました。そのお母さんに「息子を信じたいのであえてルールを作りたくないのですが」と相談されました。私は「お子さんによるのですが」と前置きした上で反対しました。「お子さんを信じることとルールを作らないことは違います。小学2年生はまだ子供ですから、自分で制御するのは難しいと思います。信じるならお子さんと話し合って最低限のルールを決めるべきです」と伝えました。

　万人に共通のネットルールはありません。「子供が歌舞伎町を一人で歩いてよいと認める年齢」と同じです。ある保護者は「小6」と答えるかもしれませんが、「高3」でも心配な子はいます。それを見極めて子供を守るのが大人の責務です。家庭でも学校でも、「信じているから放任」は大人として無責任です。信じるからこそ、話し合いが必要です。

携帯電話に関わる学校・地域でのルールづくりの進め方

　携帯電話の持ち込みに関わるトラブルが起きないようにするためには、各学校できちんとルールを作ることが大切です。ここで言う「ルール」とは、大きく「持ち込み」に関するルールと、「普段の使用」に関するルールの二つがあります。具体的に、どのような手順を踏んで作っていけばよいのか、解説していきます。

ルールづくりの基本的な考え方

　文科省の通知には次のような一文があります。

> 生徒が自らを律することができるようなルールを、学校のほか、<u>生徒や保護者が主体的に考え、協力して作る</u>機会を設けること
>
> ※下線は筆者

　生徒同士の話し合い等の必要性は、有識者会議の中でも繰り返し意見が出ました。生徒たち自身が考え、自分たちでルールを作っていくことが、これからの学校づくりには必須です。学習指導要領で文部科学省が提唱している「主体的・対話的で深い学び」の延長線上にあります。また、文部科学省が「生徒指導提要」で示してきた、「自己指導能力」の流れに位置付くものでもあります。

　具体的にどのような形で、「生徒主体のルールづくり」を進めればよ

いのか、一例を紹介します。

STEP ❶ 児童生徒へのヒアリング

　最初に行っていただきたいのは「実態の把握」です。子供たちが普段、ネットをどのくらい、どのように使っているのか、しっかりと把握する必要があります。

　ここで注意したいのは、携帯電話に絞らず、ネット全般について調査することです。携帯電話、特にスマホは、子供たちのネット使用の一部分です。小学生は保護者のスマホやゲーム機経由でネットに接続しますが、高校生になるとほぼスマホに一元化されます。中学生はその過渡期に当たりますが、過渡期が小学校高学年くらいにまで下りてきている地域もあります。

　調査は教師だけでするのではなく、また子供たちだけでするのでもなく、教師と子供たちが一緒にすることが肝要です。教師が行う調査は、子供たちの悪行三昧を暴き出すことだけを目的にしがちで、そういう調査に子供たちは正直に答えません。調査主体に子供たち自身が入ることが、大きなポイントです。子供たちが調査するのを教師が支援するという形がベストです。

　次にアンケート集計等、手間がかかることは教師が担います。地味で目立たないことは教師がやり、子供たちには全体の前で話すとか、方針を決めるとか、重要で目立つ部分だけを担当させます。

　影響力が強い子供は、部活動やクラス等でも中心になっています。中学校ではそういう生徒に負担をかけてしまうと、顧問に「部活動とネット問題、どっちが大事なんだ？」と質問されます。もちろん、子供たち

は教師の意図を正確にくみ取り、「ネット問題にうつつを抜かさず、部活動に専念しなさい」と脳内変換します。そのため、以後誰もこういう活動を引き受けなくなります。このあたりが実はポイントです。

実態把握をきちんと行えば、日々の生徒指導に生かすこともできますし、携帯電話をめぐるトラブルが起きた際にも対応がしやすくなります。

ヒアリングでは、具体的に、以下のようなことを聞いてみていただきたいと思います。

・ネットの「良いところ」と「悪いところ」について
・ネットをどのくらい使っているか
・ネットをどのように使っているか

その上で、アンケート項目を作っていくとうまくいきます。子供の中には、「携帯電話についてのヒアリング」と聞いた途端、「普段の使いすぎを叱られるんじゃないか…」と身構えてしまう子もいます。そうすると、正確な実態把握ができません。その意味で、ヒアリングはなるべく携帯電話のマイナス面だけでなく、プラス面についても聞くことが大切です。

とはいえ、子供たちが警戒心を解かず、本当のことを語ってくれないこともあります。そのため、卒業生（高1がおすすめ）や保護者に話を聞いてもよいでしょう。

STEP ❷ アンケート調査

続いてアンケート調査を実施します。その際のアンケート名は、「携

帯電話の使用について」と直接的なものにせず、「生活アンケート」等
とした方が、子供たちは身構えることなく答えてくれます。また、全体
的な傾向を把握するためのアンケートなので、無記名がよいでしょう。
　アンケートの具体例を以下に示しますが、これを丸々コピーするので
はなく、実態に応じて項目を追加・削除するなどして、ご活用いただき
たいと思います。

■生活アンケート（　小　中　高　）（　　　　）年（　男　女　）

最近の自分にあてはまるものに一つ○をつけてください。

①平日夜、何時頃に寝ますか？
　１．10時より前　　　２．10〜11時　　　３．11〜12時
　４．12〜１時　　　　５．１〜２時　　　６．２時より後

②平日朝、何時頃に起きますか？
　１．４時より前　　　２．４〜５時　　　３．５〜６時頃
　４．６〜７時　　　　５．７時〜８時　　６．８時以降

③朝食を食べますか？
　１．必ず食べる　　　　２．だいたい食べる
　３．あまり食べない　　４．食べない

④イライラすることがありますか？
　１．よくある　　２．ある　　３．あまりない　　４．ない

⑤勉強に自信はありますか？
　１．ない　　２．あまりない　　３．少しある　　４．ある

⑥部活動には参加していますか？
　１．いつも参加　　　　２．だいたい参加
　３．あまり参加しない　４．参加していない

⑦次のうち、帰宅後、一番長くするのは何ですか？（どれか一つに○）
　　1．ネット　　　　　　　　　　2．テレビ視聴
　　3．勉強、読書（ネット以外）　　4．遊び（ネット以外）

⑧自分の携帯電話は持っていますか？
　　1．持っていない　　　　2．ガラケー（キッズケータイ）を所持
　　3．スマホを所持　　　　4．両方を所持

⑨1日のインターネット接続時間は？（PC、タブレット、ゲーム機、保護者のスマホ等での接続も含む）
　　1．接続しない　2．1時間以内　　3．1～2時間　　4．2～3時間
　　5．3～4時間　6．4～5時間　　7．5～6時間　　8．6時間以上

⑨で「1．接続しない」に ○ をした人はこれで終わりです。

⑩次のうち、帰宅後、一番長くネットに接続する機器はどれですか？
　（どれか一つに○）
　　1．ガラケー　　2．スマホ　　3．ゲーム機　　4．テレビ
　　5．タブレット端末　　6．パソコン

⑪次のうち、ネットで一番よくするのはどれですか？（どれか一つに○）
　　1．SNS（LINE、インスタ等）　　2．動画視聴
　　3．オンラインゲーム　　　　　　4．勉強・読書等

⑫LINE等で既読がついたらどれくらいで返信しますか？
　　1．1分以内　　　2．5分以内　　3．10分以内　4．30分以内
　　5．1時間以内　　6．気にしない

⑬課金（ゲーム、スタンプ等）のこれまでの合計金額は？（ポイントを貯めた課金も含む）
　　1．一度もない　　　2．500円以内　　　3．500～1000円
　　4．1000～5000円　　5．5000～10000円　6．10000～50000円
　　7．50000円以上

⑭ネット上で、けんかやトラブルになったことはありますか？
　　1．ない　　2．一度だけある　　3．数回だけある　　4．何度もある

⑮会ったことがない人とネット上でやりとりをしたことはありますか？
　　1．ない　　2．一度だけある　　3．数回だけある　　4．何度もある

⑯ネットで知り合った人と実際に会ったことはありますか？
　　1．ない　　　2．一度だけある　　　3．数回だけある　　　4．何度もある

⑰ネットでトラブルにあったら誰に相談しますか？
　　1．保護者　　　2．先生　　　3．ネットの知り合い
　　4．友達　　　　5．誰にも相談しない

⑱フィルタリングや時間制限機能など、スマホ等の制限機能を設定していますか？
　　1．している　　　　　　　2．以前はしていた（今はしていない）
　　3．したことがない　　　4．分からない

⑲ネットのルールはありますか？　ある場合、ルールをつくるとき話し合いましたか？また、破ったことはありますか？
　　1．保護者とのルール（1．無　2．有）
　　　　「2．有」の場合→話し合い（1．無　2．有）
　　　　　　　　　　　　　破ったこと（1．無　2．一度ある　3．何度もある）
　　2．生徒会等のルール（1．無　2．有）
　　　　「2．有」の場合→話し合い（1．無　2．有）
　　　　　　　　　　　　　破ったこと（1．無　2．一度ある　3．何度もある）

　　3．自分のルール（1．無　2．有）
　　　　「2．有」の場合→破ったこと（1．無　2．一度ある　3．何度もある）

⑳最近の自分にあてはまれば「はい」に○、あてはまらなければ「いいえ」に○をつけてください。
　1．ネットに夢中になっていると感じることがある（　はい　いいえ　）
　2．満足するためにネットする時間を長くしたいと思うことがある
　　（　はい　いいえ　）
　3．ネットの時間を減らそうとしてうまくいかないことがある
　　（　はい　いいえ　）
　4．ネットの時間を短くしようとすると落ち着かなかったりイライラしたりすることがある（　はい　いいえ　）
　5．予定より長くネットをしてしまうことがある
　　（　はい　いいえ　）
　6．ネットのせいで人間関係がうまくいかなくなってしまったことがある
　　（　はい　いいえ　）
　7．ネットに夢中なのを隠すために家族や友達にうそをついたことがある
　　（　はい　いいえ　）
　8．不安や落ち込みから逃げたくてネットを使うことがある
　　（　はい　いいえ　）

私はこうしたアンケートを使用時間ごとにクロス集計し、子供たちに提示するようにしています。使用時間「３時間以上」と「３時間以下」で比較するのです。

　なお、⑳の質問は、キンバリー・ヤング氏が作成した「ネット依存のスクリーニングテスト」で、８問中５問以上「はい」と答えると「ネット依存の可能性がある」に該当します。ちなみに2018年の厚生労働省の調査では、中学生の12.4％、高校生の16.0％がネット依存だと判定されています。そうした数字と比較すると、説得力のあるデータになるでしょう。

STEP ❸ 子供たちの意見を聞く

　こうして実態把握ができたら、いよいよ子供たちが主体となったルールづくりが始まります。具体的な進め方の一例を示します。

子供主体によるルールづくりの一例（中学校の場合）

①生徒会に実態調査の結果を開示した上で、「ネットの良いところ、悪いところ」を話し合わせる。

↓

②話し合いを踏まえて、「○○中学校　ネット３カ条」を作らせる。（「１．時間　２．危険（出会い、炎上等）　３．人間関係」と具体的な観点を示し、キャッチフレーズ的なものから考えさせるとうまくいく。）

↓

③「３カ条」を踏まえて、できれば中学校区としての、携帯電話の「普段の使い方」と「学校への持ち込み」について、どのような

ルールが必要かを話し合わせる。可能なら、小学校児童会と中学校生徒会が一堂に会して意見交換をする。

↓

④原案ができたら、それを全校生徒に周知し、各学級で学級会を開き意見を募る。

↓

⑤各学級から寄せられた意見をもとに、生徒会がルールの原案を作成する。

↓

⑥全校集会を開き、ルールについて意見交換を行う。

↓

⑦全校集会での意見交換を踏まえ、ルールを完成させる。

↓

⑧完成したルールを生徒、教員、保護者等に周知する

↓

⑨定期的に（できれば毎年１回以上）見直す機会を設ける。

　ポイントの一つは、いきなりルールについて話し合わせるのではなく、最初は実態調査の結果も示しつつ、「ネットの良いところ、悪いところ」について話し合わせることです。そうすることで、子供たちは問題意識を深め、ルールづくりに対する真剣さも増します。

　私の関わる例では、６人くらいのグループで議論する場合が多く、付箋を使って10個程度、良いところ、悪いところを自由に書かせます。数を指定しなくても、子供たちはメリット、デメリットを出し合うことができます。

また、ルールの内容について、教員が誘導しようとしてはいけません。「緩いルールにしてしまわないか…」と心配だとは思いますが、ぐっと我慢をして見守ってください。実態把握さえきちんと行えば、子供たちは大人が思っている以上に、厳しいルールを作ります。

　私がお勧めしているやり方の一つは、中学生に小学生のルールを、中学３年生に新入生のルールを、高校生には中学生のルールを考えさせることです。自分より年少の子たちの携帯電話やネット利用のルールを考えることで、自分たちにどんなルールが必要なのか、系統的に見えてきます。

　あるいは、そうして作ったルールを実際に年少者に向けてプレゼンするなどの取り組みも、子供たちの自己マネジメント力を高める上で効果的です。中でも、中学生が小学校に出向いて行うプレゼンは非常に効果的です。言われる側の小学生にしても、先生に言われたことより、先輩のお兄ちゃん、お姉ちゃんに言われたことの方が確実に響きます。

ネットルール（キャッチフレーズ）例

　１．時間編

　　①あとちょっと　気づいたときには　夜明け前

　　②夜11時には　絶対終わろう（目安は10時）

　　③ケータイ・スマホ　終わる時間を　家族で決めよう

　２．危険編

　　①投稿一瞬　怪我一生　あなたの未来　炎上中

　　② SNS　一字違いで　SOS

　　③ストップ！　危険へのステップ！

3．人間関係編

①インターネットのいいねより　リアルでいいねと　言い合おう

②その言葉　相手の前でも　言えますか

③投稿前　一歩立ち止まって　考えよう

　上記はどれも、私が関わった子供たちが「生徒総会」や「スマホサミット」などで作ったものです。時間編の②は、ある中学校の生徒総会で認められたものですが、子供たちは「11時には絶対に終わろう」と決めました。ずるずると遅くなって、12時、1時になってしまうのはまずいので、「11時には絶対に終わろう」という前向きなものでした。

　しかし、学校として「11時」を認めるわけにはいきません。生徒総会にかける直前に、校長先生が「11時は遅すぎるので、10時にしてはどうか」と待ったをかけました。生徒諸君もみんなで考えたルールを勝手に変えるわけにもいきません。校長室で生徒会のメンバーと校長先生が2時間にわたって話し合いました。その結果、「目安は10時」という言葉を付け加え、その辺の主旨を生徒総会で生徒会長がしっかりと説明しました。続いて、校長先生は生徒全員に向かって、次のように話されました。

　「学校として11時は認められない。保護者にどう説明したらよいのかとても迷った。でも、話を聞くと、塾とかいろいろな事情があるようなので、『目安は10時』という言葉を入れてもらった。」

　会場からは、拍手が起こったそうです。こういう経緯を経て作られたルールは、子供たちはしっかり意識して守ります。校長先生は期せずして、魂を入れる作業をされたのです。

それ以上に必要なのは、事前にどこまで認めるか、教員側で決めておくことです。具体的な時間はなかなか決めにくいものです。塾の時間や保護者の帰宅時間等、家庭の状況はさまざまで、線引きが難しい側面があります。そういうことがあるので、最近私が関わるケースでは、「親子でネットの時間を決めよう」など、時間を決めることをルール化する場合が少なくありません。これでもかなりの前進です。

【ゴールデンルール】

　私は、議論を進める前に、話し合いにおける「ゴールデンルール」を提示しています。必ず守るべきルールで、①意見を否定しない、②自分だけ長く話さない、の二つです。こういう取り決めをしておくと、彼らは少しずつ話し合うことができるようになります。

　携帯電話という自分の生活に密接に関わることだからこそ、子供たちは自分事として話し合う必要性を切実に感じています。まさに「主体的・対話的で深い学び」です。そういう場を大人が奪うのだけは避けたいものです。

　そういう雰囲気、風土ができた上で、中学生に「いつから学校に携帯電話を持ってきてよいか」を議論させるとうまくいきます。「小学生」「中学生」と分けて考えさせるとよいでしょう。

　話し合う際は、理由をしっかり示して議論させることが重要です。短い時間の話し合いでは、「持ってきてよい」「そういう時代！」などの声が大勢を占めますが、時間をかけて議論させると、多くの場合、小学生の携帯電話持ち込みについて、中学生は否定的な見解を示します。「歩きスマホ」「授業中ゲーム」「紛失」「盗難」「盗撮」など、私たち大人が持つ懸念が子供たち自身から出てきます。

さらに待っていると、「地震等の災害時」「特別な事情があるとき」は、「先生と保護者が話し合って決めたらよい」という話になります。「原則禁止」の方向です。ここでしっかり議論しておくと、自分たち中学生について考える際の道筋を、彼らはしっかりと把握することができます。

　もちろん、持ち込みを認める意見が多い場合もありますが、そういう場合は、持ち込む場合の注意点や配慮すべきことを考えさせると方向性が明確になります。

　「学校への持ち込み」に関するルールの一例として大阪府が示したガイドラインを主な例として見てみましょう。

登下校中や学校での携帯電話の使い方に関するルール（参考事例）

> （1）登下校中は、携帯電話をなくさないよう、かばんの中に入れます。災害のときや、危ない目にあいそうなとき以外は、携帯電話をさわったり、使ったりしてはいけません。
>
> （2）学校にいる間は、電源を切って、かばんの中に入れ、災害の時など、先生が指示するとき以外は決して出してはいけません。
>
> （3）学校の中では、先生が指示するとき以外は、携帯電話を使ってはいけません。
>
> （4）もし携帯電話を勝手にかばんから出したり、使ったりした場合は、先生が預かり、保護者に直接返却します。

大阪府「小中学校における携帯電話の取扱いに関するガイドライン」より引用

　上記（2）を見て分かるように、この参考事例は、子供がカバンの中

で自主保管することを前提にしたルールです。学校が保管する場合、子供に専用のロッカー等で自己管理させる場合は、別のルールが必要となります。この辺りは、設備や予算が必要なことなので、子供たちが関わるのは実際には難しいかもしれません。その辺の限界をしっかり押さえた上で、子供たちの意見を聞くことが必要です。

　続いて、日常生活全般を含めた、携帯電話使用に関わるルールです。

正しい使い方に関すること（参考事例）

1　携帯電話の正しい使い方について

〈自分のことについて〉

（1）お家で使う時間は、平日は 30 分、休日でも 60 分以内にします。

（2）自分や友だちの写真や映像、情報（名前や住所、生年月日、学校名など）を誰かに送ったり、SNS（LINE や Instagram など）にのせたりしてはいけません。

（3）保護者の許可なしでゲームのアイテムなどを買ったり、商品を申し込んだりしてはいけません。

（4）SNS などインターネット上で知り合った人とは会ってはいけません。

（5）かくし撮りやその他犯罪につながることはしてはいけません。

〈友だちとのことについて〉

（6）どんな時でも、誰に対しても、SNS やメールに、人の悪口やうわさなど、いじめにつながることは書きこんではいけません。

（7）SNS のグループでの仲間はずれなど、いじめはしてはいけま

せん。

（8）SNS やメールでは、返事が遅くなることもあるので、無理に友だちに返事をさせてはいけません。

（9）友だちに伝えたい大切なことは、会って直接伝えるようにします。

〈その他〉

（10）これら以外の使い方については、必ず保護者と話し合ってルールをつくります。

2 その他の注意点

（1）携帯電話を買ってもらう時には、なぜ使うのか、本当に必要なのか、どんな機能を使うのかなどを保護者としっかり相談します。使ってよいアプリも、使う前に必ず保護者と一緒に考えます。

（2）携帯電話には必ずフィルタリングを設定してもらいます。また、携帯電話自体に使用制限を設定してもらいます。そして保護者には、毎日の使い方や時間、正しい使い方をしているかを確認してもらいます。

（3）自分の情報を知られたり、他の人に勝手に使われたりしないように、携帯電話にはパスワードをかけます。パスワードは必ず保護者に伝えます。

（4）学校などで携帯電話の良いところや、注意しないといけないところを知り、携帯電話等の正しい使い方についてしっかり勉強します。

（5）携帯電話を使うことで何か困ったことがあったら、保護者や

> 先生などの大人に必ず相談します。

大阪府「小中学校における携帯電話の取扱いに関するガイドライン」より引用

　大阪府の場合、「平日は 30 分、休日でも 60 分以内」としています。このあたりは実態に応じた記載を心掛けるとよいでしょう。内閣府「令和元年度青少年のインターネット利用環境実態調査」によると、中学生のうち、平日のインターネット利用が「1 時間未満」は9.2％です。この調査は、携帯電話に限定したものでないので断定的なことは言えませんが、中学生のインターネット接続が携帯電話中心になっているのは他の調査からも明らかになっているので、平日30分を目安にするのは意見が分かれるところです。「ガイドライン」の性質上、好ましい利用時間を記載すべきなのかもしれませんが、実態とかけ離れた提案には子供たちがそっぽを向いてしまうという意見もあり、議論が必要なところです。

　今回、文科省の通知では、持ち込みを認める際には、上述したようなルールを作ることを条件として課しました。良い機会なので、ぜひこうしたルールづくりを各学校で進め、子供たちが携帯電話と適切に付き合っていけるようにしていただきたいと考えます。

　また、数年たてば、状況が大きく変わっているでしょう。上記「2　その他の注意点」の（2）にあるフィルタリングや使用制限の機能も、新しいものが出てくる可能性があります。その意味でも、ルールは定期的に見直しを図っていく必要があります。

STEP ④ ルールを共有する

　ルールが完成したら、これを校内で共有する必要があります。大切な

のは、子供たちはもちろん、教職員の間でもしっかりと共通認識を持つことです。「スマホくらい、いいだろう」などとスタンドプレーをする教員がいたら、せっかく作ったルールも有名無実化してしまいます。全員が同じ歩調で同じ指導をすることが大原則です。そういう意味でも教員の間で、時間を取ってしっかり議論しておく必要があります。

　保護者には、生徒が中心となって作った「学校のルール」を周知するとともに、「家庭におけるルールづくり」を促すことが大切です。大阪府のガイドラインでは、各家庭が子供と話し合いながらルールづくりをする上で、以下のようなポイントを示しています。

　　1．携帯電話の使ってよい機能
　　2．その機能を使うときのルール
　　3．携帯電話を使ってよい時、ダメな時
　　4．ネットの使用、アプリの使用について
　　5．マナーその他の使用上のルール
　　6．我が家オリジナルのルール

　保護者にしてみれば、携帯電話の使い方について、思春期の子供と話をするのは容易ではありません。「そんなこと、親に干渉されたくない」という子供も多いことでしょう。その意味で、今回の通知を盾に、「これを作らないと、学校へ携帯電話を持っていけない」と子供に伝えるのも効果的です。保護者には、そうしたことも伝えながら、「家庭におけるルールづくり」を進めてもらうようにしましょう。

STEP ❺ 持ち込みの許可の出し方

　現状、保護者から「子供に携帯電話を持たせたい」と言われた場合、多くの学校はごく簡略な手続きで、これを認めています。特段のルールも定めず、盗難・破損した際の責任の所在もあいまいなまま、なし崩し的に認めている学校も少なくありません。何度も言いますが、これは非常にリスキーな状況です。今回、文科省が通知で4つの条件を示したのを機に、ぜひ許可の出し方も見直していただきたいと思います。

　以下に、保護者が持ち込みの許可を申請する際に交わす「同意確認書」を掲載しますので、参考にしてみてください。

保護者の皆様

学事市立学事中学校

校長 学事太郎

携帯電話の取扱いに関する同意確認書の提出について

　平素は本校の教育活動にご理解・ご協力を賜り、誠にありがとうございます。災害発生時や犯罪に巻き込まれそうになった際の緊急の連絡手段として、登下校中の子供に携帯電話を所持させたい場合は、本同意確認書に必要事項を記入の上、担任にご提出ください。

....

学事市立学事中学校　　様

年　　　月　　　日

携帯電話の取扱いに関する同意確認書

以下に掲げる事項に同意することを条件に、保護者の責任の下、登下校中の子供に携帯電話を所持させたいので同意書を提出します。

※同意確認事項を読み、同意・確認できる項目のすべてのチェックボックスへのチェックをお願いします。全ての項目に同意いただけない場合は、登下校中に携帯電話を所持することは認められません。

	同意確認事項	保護者	生徒
1	登下校中は、携帯電話をかばんの中に入れ、緊急の場合以外では使いません。		
2	校内では電源を切ってカバンの中で保管し、学校から指示がない限りは使いません。		
3	学校のルールに違反した場合、学校が携帯電話を預かり保護者に返却します。また、登下校中の所持を制限するなどの学校の指導に従います。		
4	災害などの緊急時以外で、保護者から子供への携帯電話への連絡はしません。		
5	携帯電話の適切な使用や使用時間について、家庭でルールをつくり、適切に管理します。		
6	使用するアプリケーションやサービスについて、使用前に家庭で話し合います。		
7	不適切な使用や長時間の使用をさせないよう、フィルタリングや携帯電話の使用制限を設定します。また、個人情報の流出や不正な使用を防ぐため、パスワードを設定します。		
8	ネット上のトラブルやいじめ、犯罪被害等があった場合に、相談窓口や連絡できる関係機関を知っています。		

9	携帯電話の破損・盗難・個人情報の漏洩等については、保護者の責任とします。		
10	子供が盗撮、盗難などの法に触れる可能性のある行為をした場合は、学校が警察と連絡を取りながら対応することを承諾します。		

　　年　　　組　　　番

　　生徒氏名　　　　　　　　　　　保護者氏名　　　　　　　　　印

大阪府「小中学校における携帯電話の取扱いに関するガイドライン」を基に作成

　この同意確認書は、大阪府のガイドラインが示したものを改変・アレンジしたものです。1～4と9～10は、学校への持ち込みに関するルールですが、5～8は「家庭におけるルール」です。これらの項目について同意を取っておくことで、保護者の意識も高まります。

　この中で、必ず入れておかねばならないのは、9の「携帯電話の破損・盗難・個人情報の漏洩等については、保護者の責任とします。」という一文です。スマホは非常に高価な代物ゆえ、校内で「紛失した」「盗まれた」などのトラブルが発生したら、保護者とて学校のせいにしたくなるでしょう。紛争にならないためにも、破損・盗難・個人情報の漏洩は、学校の責任ではないことを明示しておく必要があります。

　以上、ルールづくりの具体的な進め方について、一連の流れを示しました。もちろん、地域や学校規模、校種などによって、もっと適したやり方があると思います。あくまでも一事例として、参考になさってください。繰り返しになりますが、大切なのは子供たちが主体となってルールづくりを進めることです。このプロセスを抜きにして、学校がルールを押し付ければ、子供たちはそれを破り、トラブル等は増えるでしょう。

家庭におけるルールづくり

　先日、PTA対象の講演会の後、通塾のためスマホを購入する直前のお母さん（息子さんは小4）から「ネットいじめとかネット依存とかいろいろ心配なので、ルールを作ろうと思っているのですが、旦那の父（祖父）がネットに詳しく、『子供を信用し、まずは使わせて失敗から学ばせるべきだ。ルールは失敗してから作ればよい』と言います。私も子供を信用し、信頼関係をつくりたいのですが、どうしたらよいですか」と相談されました。とても困っておられる様子でしたので、私は次のように答えました。

　「信用しているからこそ、しっかり話し合ってルールを作るべきです。お子さんを信用してルールを作ってください。親子で心配事ややりたいことも違うので、妥協点を見つけるのです。さらに、作ったルールをどう運用するかをしっかり話し合っていけば、その信用がもっと高まるはずです。」

　子供にとって、一度習慣になったことを覆すのは非常に労力がいります。特に特性のある子、こだわりの強い子はなおさらです。SNSやオンラインゲームで、友達の中であるポジションに位置付けられたら、そこから抜け出すのは非常に難しいものがあります。毎日、同じ時間に繰り返される「イベント」に参加するのが日常になっていたり、友達とネット上で集まることが仲良しグループの暗黙の了解になっていたりするからです。大人にとっては些細なことでも、子供にとって友達との約

束は絶対です。

　厳しいルールを作って緩めるのは簡単ですが、甘いルールを作った後に厳しくするのは至難の業です。親子関係が根本から崩れてしまうこともあります。

必ず話し合ってルール設定を

　保護者が勝手にルールを決めても効果は限定的です。小学生になったら、話し合ってルールを決めるのがよいでしょう。下のグラフは、私が2019年に兵庫県青少年本部と一緒に行った調査結果で「親子のネットルールを何度も破ったことがある」を、ネットルールを作った時の話し合いの有無別に比較したものです。見て分かるように、小学生、中学生、高校生ともに「話し合いあり」は「話し合いなし」よりも破られていません。とある「スマホサミット」で高校生に聞くと、「話し合いで親と

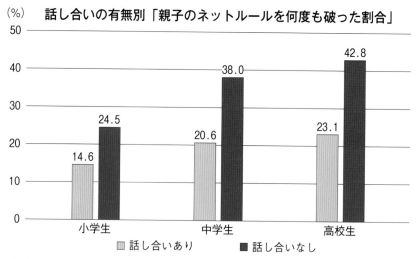

(%)　　**話し合いの有無別「親子のネットルールを何度も破った割合」**

公益財団法人兵庫県青少年本部「令和元年度ケータイ・スマホアンケート及びインターネット夢中度調査」より引用

妥協点を考えると、守ろうという気持ちになる」「話し合うと責任感を感じる」と話してくれました。

ルール設定時のポイント

①できるだけ最初（使用開始時、購入時）に厳しいルールを設定する

　子供が使いだすとき、購入時には、厳しめのルールを設定することが大切です。また、定期的にマイナーチェンジを繰り返し、学年が替わるごとにフルモデルチェンジをします。小学生の場合、まだ聞き分けの良いうちにルールを浸透させ、中学生になって突入する思春期・反抗期に向けて準備をします。

②事前に大人が話し合う

　ルールを決めるとき、大人間で意見がまとまらないケースが少なくありません。よくあるのが「甘いお父さん」と「厳しいお母さん」というパターンで、ゲーム世代のお父さんは自分もやってるから「まあいいじゃないか」となります。子供は甘い方になびくので、「お父さんがいいと言ってるから」と強気になります。また、子供が祖父母を味方につける場合もあります。あまりよく分かっていない祖父母は、どうしても孫には甘くなりがちです。事前に大人同士で話し合い、具体的なルール設定を言葉にしておくとよいでしょう。

③「落としどころ」を用意する

　話し合う前に大人側で、「落としどころ」を確認しておきます。もちろん、子供には伝えませんが、話し合いのために設定しておきます。その上で、次のような会話をします。例えば、９時にスマホを終わらせた

い場合です。

母　「スマホは8時までね」

子　「無理！　10時にしてよ」

母　「じゃあ、買わない」

子　「9時半にしてよ、お願い！」

母　「9時半なら寝不足になるでしょ？」

子　「9時！　お願いします。宿題早く済ますから！」

父　「宿題を済ませたら9時まで、でどうだ」

母　「じゃ、9時まででやってみよっか？」

子　「ありがとう、ママ、パパ！」

父　「9時で1週間やってみて、無理なら8時だな」

子　「大丈夫、約束守るって！」

母　「分かった、信じるよ」

　こうやってできたルールであれば、子供は守ります。「勝ち取った1時間」だからです。ルールで子供を縛るのではなく、ルールづくりを通して、子供としっかり話し合う習慣をつけていくのです。ルールは必ず紙に書いて、みんなが見る場所、例えば冷蔵庫に張り付けておきます。

　さらに、定期的なルールの見直しが必要です。毎週必ず家族全員が一緒にいる時間、例えば「サザエさんが終わってから」といった具合に、話し合いの時間を設定します。ルールを定めてしばらくの間は毎週、そうした場でルールを書いた紙を見ながら、話し合います。そうやって少しずつ大人に近づけていきます。

　ルールのポイントは、①時間・場所、②お金・出会い、③マナー、④

相談の４つです。一つずつ見ていきましょう。

①時間・場所

　最も重要なのはここです。乳幼児の場合は、タイマー等での管理がよいでしょう。YouTubeKids（子供用 YouTube）が便利です。年齢に合わせた動画を選んでくれ、パスワード管理してタイマーを設定することができます。動画は20分と最初から設定しておけば、子供はそんなもんだと納得します。

　時間設定には、①終了時間（「９時まで」「10時まで」など）、②合計使用時間（「１日２時間まで」など）の２種類があります。それぞれの事情に応じて決めるとよいでしょう。小学生の生活パターンは単純ですが、中学生になると部活や塾等があり、複雑になってきます。そのため、曜日ごとに時間を変えるなどの対応が必要になってきます。

　先の PART でも紹介しましたが、iPhone は「スクリーンタイム」、Android は「ファミリーリンク」等が便利です。各社とも仕様を試行錯誤しているようで、変更がよくされますが、利用可能な時間を「17時〜20時」と決めたり、アプリごとに「１日１時間以内」と制限したりすることができます。こういう機器の設定も、話し合った上で行うとうまくいきます。

　もう一つ重要なのは利用場所です。布団に持っていくと、多くの場合失敗します。「布団の中でスマホをいじっていると、目がさえて眠れない」と話す子が少なくありません。私が関わった例では、「食事中、布団、風呂、トイレ禁止」としている場合が大半です。また、「話し掛けたらスマホから目を離す」というルールを作っている家庭も数多くあります。

②お金・出会い

　お金や出会い等、犯罪に関わるルールは必須です。私が大阪府で2019年に5000人規模で行ったの調査では、中学生の過半数はゲーム等での課金経験があります。合計5000円以上課金している生徒も3割を超えています。以前、課金は保護者のクレジットカード決済が主流でしたが、最近はコンビニ等でプリペイドカードを購入することもできます。そのため、保護者に知られずに課金している子もたくさんいます。親が知らない所で子供がトラブルに巻き込まれるのが一番まずいので、課金については必ず話し合っておく必要があります。私が関わったご家庭では、「課金したいときは親と相談する」「1ヵ月500円まで」等のルールを設定しているケースが数多くあります。

　同様なことが「ネット上の出会い」にも言えます。先の調査で、「面識がない人とのネットでのやりとり経験」は高校生で8割を超え、中学生でも4割を超えています。サミットで中学生に聞くと、「Twitterで同じ趣味の人と交流してる」「友達の友達だから安心」などの声が聞かれます。最近は、「オンラインゲームのボイスチャットで知り合いになる」という声をよく聞きます。「ボイスチャット」とは、オンラインゲームによくある機能で、話しながらゲームを進めることができます。最近、子供たちに人気のゲーム「荒野行動」「フォートナイト」などでは一般的な機能です。

　また、最近は「ネットで知り合い、実際に会った」経験のある子供が急増しています。各地のサミットで聞くと、高校生は2割程度が経験しています。「推しが同じ人と、ライブ会場で合流する」といったパターンが多いようです。「推し」とは、自分が好きなアイドル等で、例えば「嵐だったら、私は大野くん推しです」などといった感じで使います。

ネット上の出会いでのトラブルが多発しているので、私は基本的に認めないことを推奨しています。中でも一番まずいのは、保護者が知らない所で、子供が勝手に会うことです。そういうことを含めて相談し合える親子関係の構築が、スマホを持たせる際の最低条件です。

③マナー

　意外と重要なのがマナーです。早い時期に教え、何度も繰り返すことが重要です。具体的なことを幾つか書きます。

○人が嫌がることを書かない

　ネットでは、些細なことが大きなトラブルに発展します。腹が立っても、人が嫌がることは書かないことが大切です。

○「ごめんなさい」「ありがとう」を忘れない

　悪気はないのに、人を怒らせてしまったり、トラブルに巻き込まれたりします。そんな時は、すぐに「ごめんなさい」と言うことです。また、人に何かしてもらったら「ありがとう」を忘れないことも重要です。

○リアルでダメなことは、ネットでもしない

　ネットでは相手の顔が見えないので、つい気持ちが大きくなって、リアルでは考えられないようなことを書いてしまいます。でも、ネット上にそうした書き込みをすると、ずっと残るので何度も読み返されます。そういうネットの特性を理解させるとよいでしょう。

○投稿する前に立ち止まって考える

　勢いで書いた投稿が、大きなトラブルに発展することもあります。本当に投稿してよいか、立ち止まって考える習慣を付けることが大切です。

④相談

　一番重要なのはこれです。ネットをしていると、困った事態に直面したり、落ち込んでしまったりすることが必ずあります。経験の浅い小学生等ならなおさらです。その意味でも、「どんな些細なことでも保護者に相談すること」といった約束が重要です。ネットでのトラブルも、早い段階で対処すれば大きな事件になることはほとんどありません。私が関わった重大な事件でも「子供だけであたふたしているうちに大炎上」なんてケースが多々あります。スマホという社会につながるツールを持たせるのですから、ネットの光の部分だけでなく、影の部分へも対応できる親子関係の構築が必須です。

⑤その他

　その他、各家庭で必要と思うことを決めていきます。現状はなくても、スマホの性能が上がるにつれて必要になってくるルールも出てきます。そのたびに話し合って、それぞれの家庭で、それぞれのお子さんに合ったルールを日々模索していく努力が必要です。次ページに、「○○家のスマホのルール」と題した記入用紙を掲載しておきますので、参考になさってください。

（　　　　　　　　　　　　　）家のスマホのルール

1　時間・場所

2　お金・出会い

3　マナー

4．相談

5　その他

※ルールを見直すタイミング：

学校における管理・指導体制の整備

　今回の通知を機に、各自治体・学校でルールづくりを進めると同時に、ぜひ管理・指導体制の見直しも図っていただきたいと思います。具体的に、どのようなことをしていくべきなのか、具体例を紹介します。

校内の管理体制の整備

　現在、校内での管理体制は、大きく以下の二つに分かれます。

①児童生徒自身で保管（電源を切ってカバンの中で保管など）
②学校側で回収して保管（登校時に回収し、帰宅時に返却）

　実際にどちらが多いのでしょうか。以下は、文部科学省が行った抽出調査の結果です。

携帯電話の保管方法

	小学校	中学校
①児童生徒自身で保管	48.9%	2.7%
②学校側で回収して保管	46.3%	95.5%
③特に保管方法に関する方針を定めていない	4.3%	0.3%

出典：文部科学省「学校における携帯電話の取扱い等に関する調査」（2020年5月）

　これを見ると、小学校では①と②がほぼ半々であるのに対し、中学校

では②の「学校保管」が圧倒的多数を占めていることが分かります。これは、中学生の所有率が高く、授業中のこっそり使いなどを警戒した結果だと考えられます。

　ちなみに高校の場合は、①の「生徒の自主保管」が86.0％となっています。高校生にもなれば、生徒の自主性に任せるべきであり、それでうまくいくと多くの学校が考えているのでしょう。

　高校がそう判断するには理由がありそうです。中国地方の高校教諭（生徒指導担当、50代男性）は、「携帯電話の持ち込みを許可した当初は、授業中にこっそり使う生徒が出てきたり、授業風景を勝手に撮影してSNSにアップする生徒がいたりと、さまざまなトラブルが起きました。しかし、懲罰規定に位置付けて厳正に対応すると徐々に収まりました」と言います。また、関西地方の高校教諭（生徒指導担当、40代男性）は、「教師によって対応が違ううちはうまくいきませんでしたが、基準を示し、全教師が同じ対応をするように心掛けた結果、トラブルは激減しました。教員間の共通理解が何より重要でした」と話します。

　明確な基準を示し、その通りに対応する。「ゼロトレランス」の考え方で、特に目新しいことではありません。つまり、他のルールと同じで、ぶれない対応があればうまくいくということです。

　しかし、ここで注意が必要なのは、高校は義務教育ではなく、停学や退学につながる懲罰規定が存在するということです。義務教育の小中学校とはルールの重みが確実に異なります。

　もちろん、高校の教員も携帯電話の指導に停学や退学をチラつかせたりはしませんが、強制力という意味では、生徒も保護者も強く感じています。それがない小中学校では、ルール設定時に特に配慮が必要です。

教員だけでなく、児童生徒と保護者ともルールについて共通理解と納得感が求められます。

　保管方法については、①の「児童生徒が保管」と②の「学校が保管」のどちらがよいかは、一概には言えません。PART 2 で述べた通り、どちらの方法にも、課題はあります。

　まず、①のカバンでの自主保管については、児童生徒が授業中にこっそり使ったり、音楽や体育等の授業中に盗難されたりするなどの可能性があります。現状、多くの学校がこの保管方法を採っていますが、状況は危ういものがあります。

　また、②の学校が預かる場合は、故障・盗難などが発生した場合、学校が責任追及を受けるリスクがあります。また、それだけ高価なものを保管する場所や設備が、学校にはありません。本来なら、厳重に金庫等で保管するレベルでしょう。また、将来的にはそのための保険も必要になってくるはずです。つまり、金庫等の購入整備のための予算確保が必要となってきます。

　多くの識者は、「学校に児童生徒用の鍵付きロッカーを用意し、そこに保管させること」を提唱しています。もちろん、そのロッカーは教職員が関与できないようにすることで、児童生徒から「紛失した」「壊れた」「個人情報が見られた」などのクレームを回避することもできます。

　「GIGA スクール構想」が前倒しされ、2020年度中に「1人1台」のデジタル端末が整備される見込みとなりました。活用の進度は自治体によって異なるでしょうが、おそらく数年以内には、学校で子供たちが自分専用のタブレット端末を日常的に使う方向で動いています。中には、

端末を自宅に持ち帰っても構わないという方針を示す自治体も、出てくるかもしれません。

　では、このタブレット端末は、一体どこで保管することになるのでしょうか。どの授業でも日常的に使うようになれば、やはり教室内で保管することになるでしょう。でも、音楽や体育の授業で教室がもぬけの殻になれば、やはり盗難のリスクが出てきます。

　そうして考えても、子供たちが貴重品を保管する鍵付きロッカー等を用意するのがベストです。多少はお金がかかりますが、現状で考え得る最善策だと私は思います。

　どの自治体も、コロナ禍への対応だけでなく、ICT 端末の整備、エアコンの設置等もあって予算的にはかなり厳しい状況があるのは承知していますが、設置できるところから進めてほしいと思います。また、今後新しい学校を設置する場合は、そうした設計を基本にすることも推奨したいと思います。

指導体制の整備

　もちろん、鍵付きのロッカーを用意して、そこに保管することをルール化しても、子供が入れたふりをしたり、ダミー携帯を入れたりすることも考えられます。この場合、どう対処したらよいのでしょうか。

　中には、「監視カメラを付けたらいい」と言う人もいますが、子供たちの人権問題に関わるので推奨できません。ただ、そこまで言う人が出てくるほど、携帯電話の持ち込み問題は、これまでの学校の常識を根本から覆すほどのインパクトがあるのです。

この点は、学校の厳密な規則運用で対応していくしかないというのが私の見解です。実際、公立高校や私立学校では、こうしたルールを設けることで、子供たちがきちんとロッカーにしまうようになったといいます。ただし、公立の中学校や小学校の場合は、退学や停学等の懲戒処分を科すことができないため、その点をどうクリアするかが大きな課題の一つです。方向としては、児童生徒自身によるルールづくりとその運用でしょう。

　ちなみに、文科省が全国の小中学校を対象に行った抽出調査によると、「取扱いのルールに違反した際の罰則を定めているか」という質問に対し、「はい」と答えた割合は、小学校で5.6％、中学校で40.0％にとどまっています（文部科学省「学校における携帯電話の取扱い等に関する調査」（2020年5月））。こうしたデータを見ても、多くの学校が半ばなし崩し的に、携帯電話の学校への持ち込みを認めてしまっている状況が分かります。

　予防策の一つとして、PART 3でも述べたように、この問題について子供同士で話し合いの場を設けるという取り組みが挙げられます。教員が知恵を絞って保管・管理の方法を考えたとしても、子供はそれ以上の知恵でもって、抜け道を見つけ出します。子供同士で「携帯電話の『こっそり使い』や盗難を防ぐためには、どうすればよいか」を話し合えば、そうした抜け道の数々もオープンになり、より効果的な対策を講じることができます。また、そうした話し合いをすることによって、子供たちの防犯意識、規範意識も高まります。

　PART 2でも挙げたように、より多くの児童生徒が学校にスマホを

持ってくるようになれば、深刻なトラブルや事件も起こり得ます。最悪の事態は、盗撮（スカートの中、更衣室、トイレ等）や窃盗（友達のスマホを盗む）です。こうした行為は「犯罪」ですから、学校内での懲戒処分だけで済ませるわけにはいかず、警察と相談して対処する必要があります。このことも承諾書に書いておくとよいでしょう。

　なお、少年法では13歳以下の者には、刑事罰を問えないことになっていて、そのことを知っている児童生徒もいます。私も20年間、公立学校での勤務経験があるので、実際に開き直る小学生や13歳以下の中学生に対応したことが何度もあります。中には「俺は何やっても許される」などと言う者もいました。そうした児童生徒への対処は難しいですが、「犯罪は許さない」強い姿勢を示しつつ、警察に相談しながらきちんと指導することが大切です。警察官に犯罪について話してもらう、防犯についての心構えを説いてもらう等、いくらでも方法はあります。

　最近は多くの学校が、「学警連絡会」等の名称で、警察と定期的な情報交換の場を持っています。学校（生徒指導担当等）と警察（少年課等）が定期的に集まって、地域の青少年の健全育成について話し合う場です。その取り組みの一環として、現職の警察官が「非行防止教室」等を開き、犯罪の未然防止等について話をしています。そういう機会に、携帯電話の保管等について言及していただいたりするのも有効です。

　また、13歳以下の虞犯少年（将来犯罪を犯す可能性がある者）に対して、「警察は、いわゆる不良行為のある少年を広く含めて、その補導につとめている」（犯罪白書）としています。子供たちの問題がこれだけ複雑化、多様化してきた今、学校だけ、警察だけでの補導、指導は限界があるので、地域の貴重な資源と連携しながら子供たちの健全育成に努めていくことが肝要です。

かつては、学校が警察に通報をすれば、「生徒を売るのか！」「教育の敗北だ！」などと言う人もいました。しかし、盗撮や窃盗は歴とした犯罪です。学校の中だからといってこれを許してしまえば、その子の将来にとっても望ましくありません。社会的な基準に照らして犯罪と判断されるような事件が起きた場合には、警察組織とも連携をしながら、対応していくことが大切です。

　警察に相談したからと言って、全ての子供が犯罪者になるわけではありません。学校という狭い組織だけで対応するのではなく、警察、児童相談所、保健所等、さまざまな大人が全体として子供たちを支援していくことが大切で、その中の一つの重要な連携先に警察がある、ということとです。

　子供によっては、鑑別所に入所して、「鑑別」が必要な場合もあります。また「児童自立支援施設」や「少年院」での生活が好ましい場合もあります。また連携の中で、子供の特性（発達障害等）が見つかることもあります。携帯電話の持ち込み問題を考えるきっかけとして、そういう連携を再確認するとよいでしょう。

こんな時どうする？
トラブル対応Q&A

　携帯電話の持ち込みが進めば、関連するトラブルはどうしても起こります。全国の先生や保護者から、そうしたトラブルに関する質問等を集めました。一部を紹介し、対処方法を解説していきます。

Q1 子供が「紛失した」「盗まれた」と言ってきました。どう対応すればよいでしょうか？（中学校教員）

　子供がカバンの中で保管する学校の場合、紛失・盗難トラブルは十分に起こり得ます。その際は、対応においていくつか気を付けたいポイントがあります。

　一つは、盗難・紛失は「事件」であり、警察と連携しながら対応するという方針を、きちんと児童生徒に伝えることです。また、入学式等、保護者が集まる機会に、保護者にも基本方針として伝えていく必要があります。保護者だけでなく、地域の自治会長や青少年指導員等の集まりでも、基本方針を伝えておくとよいでしょう。携帯電話が高価なものであることは知っておられるので、基本的に異論は出ませんが、説明がない状況で警察対応が起きると地域社会も混乱します。

　具体的に、携帯電話の紛失、盗難等のトラブルが起きた場合、児童生徒に「○日以内に出てこなかったら、全校にこのことを周知し、警察と一緒に対応します」と宣言します。中学校の場合、生徒指導主事が日頃から警察署の少年課職員と連絡を取り合っているので、そこに相談する

と伝えるわけですが、子供たちや保護者は別の印象を受けます。「大変なことになった」「冗談ではすまない…」などです。

　すると、たいていの場合は出てきます。中学生の場合、スマホを盗んだとしてもそれを転売するノウハウまでは持っていない場合がほとんどです。以前は、オンラインフリーマーケット等での転売を試みる場合もありましたが、最近はそこから足がつくことも子供たちは知っています。こういうことから、多くの場合はイタズラや悪ふざけです。そのため、朝早くにこっそりと、机の上に携帯電話が返却されていたりします。

　本人が直々に「僕（私）が盗りました。すみませんでした」と名乗り出てきた場合は、犯罪ですから厳正な対応が必要です。こういう場合の対応として、関西の中学教諭（生徒指導担当、30代男性）は「被害者に謝罪等をさせ、厳正に指導した上で、本人、保護者に名乗り出た勇気をほめる」「人間は失敗をするもの。こうして謝ったことで、君はこれから更生できると声を掛ける」と言います。

　被害者だけでなく、加害者も私たちの大切な教え子です。学校と警察の大きな違いは、教育することです。盗難は犯罪ですが、そこから学ばせてあげることも教師として必要なことだと考えます。

　警察との連携という点では、例えば半年に1回くらい、警察署の人に学校へ来てもらい、全校朝礼などで犯罪の未然防止について話をしてもらうのも効果的です。その中で携帯電話の保管や使用について言及してもらうとよいでしょう。警察によっては、スマホの安全な使い方等について教室を開いてくれることもあります。紛失した携帯電話が見つからない場合は、そうした場で警察の人に「この学校で盗難事件があった。捜査中なので情報があればほしい」などと話してもらうのも効果的です。

そうすることで、なくなった携帯電話が出てくることもありますし、何より盗難の抑止力になります。

　なお、盗難があった場合に、被害届を出すかどうかは、当然ですが保護者の意向に従います。保護者が求めない場合、学校としてはあくまで「相談」という形で、警察署に連絡を取るのがよいでしょう。

　また、PART3で紹介した「同意確認書」において、盗難・紛失が起きた場合に学校は責任を負わない旨を明記し、さらには警察と一緒に対応する旨も、記しておくことが大切です。

　かつての学校は、警察との連携に消極的でしたが、今はそんな時代ではありません。日本は法治国家であり、学校の中だからといって、人に暴力を振るってけがをさせたり、高価な金品を盗んだりすれば、警察と司法によって裁かれます。もちろん、学校だけが治外法権ではありませんが、かつてはそういう誤解がまかり通った悲しい時代がありました。そうではないことは、子供たちにも保護者にも伝えていく必要があります。

　なお、前述したように、日本の法律では13歳以下の者は刑事責任が問われません。しかし、13歳までの行動は記録として関係諸機関で共有されます。犯罪として刑事責任を問えなくても、虞犯少年として保護されます。その辺りも一部、誤解されていた悲しい時代があり、そういう時代に中学生だった保護者の一部は、誤解をしたままの場合もあります。そうした誤解は、改めていく必要があります。

Q2 携帯電話が落とし物として届きました。どうすればよいでしょうか？（中学校教員）

　持ち込みの許可を出せば、学校の敷地内に携帯電話が「落ちていた」なんてこともあり得ます。その場合は、他の落とし物と同様に、校内放送をかければよいでしょう。子供にとって携帯電話は「宝物」ですから、放送しなくても、たいていはすぐに持ち主が名乗り出ます。

　返却の際に留意したいのは、必ず「本人確認」をすることです。具体的に、電話番号を口頭で言わせた上で、スマホの自番号を表示させるなどの方法があります。これは、一般社会でも行われていることなので、当然と言えば当然です。

　校内放送をかけても落とし主が現れないことは、滅多にありませんが、前述した「ダミー携帯」だったり、何か後ろめたいことがあったりすれば、誰も名乗り出ない可能性もゼロではないでしょう。

　そのような場合、スマホにパスコードがかかっていなければ、データを見て持ち主を特定できたりもします。しかし、プライバシーの侵害に当たる可能性があるので、基本的には控えた方がよいでしょう。

　持ち主が現れない場合は、他の落とし物と同様、学校で保管することになります。通常の落とし物なら、年度末には処分をするケースが多いですが、携帯電話は高価な代物ゆえ、学校としては躊躇します。その際は、電源を入れて中身を確認するのもやむを得ません。もちろん、事前に「○日までに持ち主が現れない場合は、電源を入れて確認する」などと子供たちには伝えておく必要があります。

Q3 「学校に預けているうちに壊れた」と生徒に言われました。どう対応すればよいでしょうか？（小学校教員）

　PART２でも書きましたが、もともと壊れていた携帯電話を教員に預け、クレームをつけて修理代をくすねようとする者が出てくる可能性も皆無ではありません。そうしたトラブルが起きることも想定し、同意確認書には必ず「預かっているうちに故障した場合、学校は責任を負わない」などと、明記しておく必要があります。

　そうは言っても、実際にこうした苦情が寄せられたときに、どう対応するかは難しいところです。「運搬や保管時に雑な扱い方をして壊れたんじゃないか」「誰かが侵入して故障させたんじゃないか」と言われる可能性もあります。

　その意味でも、学校の保管体制をきちんと整え、「学校側が故障させることは、物理的に不可能」と言いきれるような体制を整えておく必要があります。

　例えば、ある私立中学校は保管場所に監視カメラを設置し、万が一クレームが寄せられた際には、その映像を証拠として提示することを検討しています。公立学校では現実的には難しいかもしれませんが、総額２～３千万円の資産価値が保管されていると考えれば、そのレベルのセキュリティ体制を整えることを検討しても、決して大げさではないでしょう。これから日本全体でこういう試行錯誤を繰り返しながら、より良い方策を固めていくことになります。試行錯誤は始まったばかりです。

　私も「監視カメラ」と聞いて正直、眉をひそめました。設置を検討し

ている学校の先生は、「これを設置すれば、盗難事件が起きた際、盗んでもいない生徒たちに嫌疑をかけなくて済む。こっそり侵入して、盗んでやろうと考える児童生徒もいなくなる」と言います。話を聞いて、なるほどとある面で納得しました。生徒指導主事等として、長くどっぷり学校文化に浸ってきた私は、にわかには承服できませんが、そういう時代が近づいてきているのかもしれません。街中には至る所に防犯カメラが設置されており、事件が起きたときには犯人逮捕に役立ちます。確かに犯罪の抑止力になっているでしょう。

　私自身は現時点での防犯カメラはやはり推奨できませんが、将来的に検討に値することだと認識するようになりました。監視カメラで、子供たち、特に加害者予備群を「守る」必要が出てきたのかもしれません。

　また、「何に入れて保管するか」も重要です。現状、学校によっては、いわゆる「ずだ袋」のようなバッグに、数十台の携帯電話を乱雑に放り込み、預かっているところもあります。でも、これでは「そのせいで故障した」と言われてしまう可能性もあるでしょう。

　現在は、40台ほどの携帯電話が収納できる「スマホ預かりバッグ」なるものも市販されています。価格は2〜4万円程度です。相応な値段はしますが、私学の中にはこうしたバッグを購入・活用しているところが少なくありません。

　こうした形で環境を整えた上で、生徒や保護者から「預けているうちに壊れた」とクレームを受けた際には、学校の保管体制が万全であり、故障する可能性が限りなくゼロに近いことを伝えます。

　繰り返しになりますが、ベストはやはり、鍵付きのロッカーを用意し、

生徒自身に自主管理をさせることです。お金がかかるのですぐに整備するのは難しいかもしれませんが、今後「GIGA スクール構想」でタブレット端末等が入ってくることを考えても、必要な条件整備だと私は思います。

Q4 通信機能が付いたゲーム機を持参し、「これも携帯電話」と言い張る生徒がいます。どう対応すればよいでしょうか？（高校教員）

「ゲーム機や音楽プレーヤー、タブレット端末が携帯電話ではないことくらい、常識的に分かるだろう…」と言う人もいると思いますが、世の中には手を変え品を変え、理屈をこねる生徒もいます。LINE の無料通話ができたり、Zoom のテレビ会議ができたりすることを理由に、「これも携帯電話だ」と言い張る子供だって出てくるかもしれません。

そうした事態が起こり得ることも想定し、私が座長を務めた有識者会議では、携帯電話の「定義」についても議論をしました。そして、最終的に「審議のまとめ」で以下のように明記しました。

> 「携帯電話」の範囲・定義としては、①フィーチャーフォン（いわゆる「ガラケー」）、②スマートフォン、③子供向け携帯電話（基本的な通話・メール機能や GPS 機能のみを搭載しているもの）とした。

また、類似する端末については、以下のように記しています。

また、携帯ゲーム機や携帯音楽プレーヤーについては、その主たる目的が娯楽であり、連絡手段にあるとは考え難いことから、インターネット回線への接続の可否に関わらず、「携帯電話」には含めないこととした。タブレット型端末については、インターネット回線に接続でき、一部には電話機能を備えているものもあるが、その主たる目的が連絡手段にあるとは考え難いことから、インターネット回線への接続の可否に関わらず、「携帯電話」には含めないこととした。

　学校としては、こうした「定義」があることも根拠に、「ゲーム機は携帯電話ではない」と説明していく必要があります。あるいは、持ち込みに関する学校のルールに、携帯電話の定義を盛り込んでもよいでしょう。

　近年、デバイスの進化はすさまじいものがあります。数年後には、上記の定義でもグレーゾーンとなるような端末が現れる可能性もあるでしょう。その意味でも、ルールや定義は定期的に見直していく必要があります。

　とはいえ、ICT の最新動向、子供たちの利用実態を正しくキャッチアップするのは、容易ではありません。LINE にせよ Instagram にせよ、中高生がこれを使い始めた頃、大人たちの多くはその実態を全く把握できていませんでした。今時点においても、大人が知らないアプリを子供たちが使いこなしているに違いありません。数年前、「学校裏サイト」や「プロフ」などがマスコミで日々、話題になっていたにもかかわらず、今はもう子供たちからそういう言葉を聞くことはありません。変化のス

ピードを痛感します。

　では、どのようにして、こうした情報をキャッチアップすればよいのでしょうか。インターネット等で調べても、リアルな実態を把握することはできません。

　方法の一つとして、学校単位あるいは数校単位で「スマホサミット」を開催することが挙げられます。そうした場で、携帯電話の使い方などについて、子供同士で話し合いをさせるのです。「悪い使い方」だけでなく、「良い使い方」も含めて話し合いの時間を確保すると、大人が知らないような利用実態が次々と出てきます。こうした機会を定期的に設け、子供がどのように携帯電話を使っているかを把握しながら、ルールや定義を定期的に見直していくことが大切です。

Q5 携帯電話を校内で使用している生徒がいたので没収しました。返却は、どのような手順を踏めばよいでしょうか？
（中学校教員）

　大原則として、「没収した携帯電話は子供には返却せず、保護者に返却する」ことを同意確認書に明記し、例外を作らずに対応することが大切です。理由は、子供がルールを破ったという事実を保護者が認識し、各家庭で指導をしてもらう必要があるからです。また、ルール違反を繰り返す場合は、その子供の持ち込みを一定期間認めない規定も必要です。

　子供に返却すれば、保護者は「学校での出来事」と認識し、事の重大さを理解しないままになってしまいます。そんな状況では、何度も同じことが繰り返されます。

　とはいえ、保護者に電話をしても、「仕事で忙しい」などと言われ、

いつまで経っても取りに来ないこともあり得ます。3日、4日、1週間
…とたつうちに、「いい加減に返せ！」と子供が暴れ出すことだってあ
るでしょう。

　それでも、子供本人に返却すべきではありません。この問題を「学校
と子供の問題」で片付けず、「家庭の問題」として認識してもらう必要
があるからです。

　そうして取りに来ない保護者の多くは、3者面談やPTA総会にも顔
を出しません。教員として伝えたいことがあるのに、どうにも向き合う
場が持てず、困っているようなケースも多いでしょう。その意味でも、
携帯電話の返却は良いチャンスです。

　どうしても「学校に行く時間がない」と言われた場合は、最後の手段
として家庭訪問をするのも手です。そこまでしてでも、この問題は保護
者と話をして、きちんと共通理解を図る必要があります。

Q6 携帯電話の使用に関するルールについて、保護者から「納得がいかない」とクレームがあったら、どう対応すべきでしょうか？（小学校教員）

　PART3で説明してきたように、携帯電話の持ち込みと日頃の使用に
関するルールは、「学校が決めたルール」ではありません。学校が窓口
となって、家庭や地域と一体になって作り上げたもので、学校が単独で
変更をすることはできないものです。まずは、そうした事情を説明して、
理解を求めることが肝要です。

　それでも、どうしてもルールを変えてほしいと保護者が主張してきた
ら、「PTA会長に相談してください」と言うのがよいでしょう。地域の

関係者なら、自治会等で話し合ってもらうという提案です。携帯電話に対する考え方は、保護者によってまちまちです。持ち込みについても「可とすべき」と言う人もいれば、「不可とすべき」と言う人もいて、学校として一人一人の意見を聞いていたら、きりがありません。

　学校としては、「保護者として合意形成をした上で、子供、教職員、地域の人たちなどともルールの見直しを検討しましょう」と伝えるのがよいでしょう。大切なのは、「学校 対 保護者」という構図にしないことです。

　PART 1 でも述べた「スマホネイティブ」世代の保護者の中には、スマホを使って育児をしてきた人もいます。そうした保護者からは「校内での使用も認めるべき」、あるいは「学習活動にもスマホを活用すべき。海外に遅れを取る」等の意見も出てくるかもしれません。

　しかし、PART 2 でも述べたように、BYOD（Bring Your Own Device）において、スマホをメインデバイスとして使っている国など聞いたことがありません。活用のメインは、タブレット端末やノートパソコンです。日本でも、その方向性の下、「GIGA スクール構想」が進んでいます。

　もし、保護者が BYOD の話を持ち出してきたら、そのときは国内外の状況を説明し、「スマホを授業で使う」はあり得ないことだと伝える必要があります。

Q7 教員の不適切指導が SNS にアップされた場合、どう対応すればよいでしょうか。（高校管理職）

　まず大前提は、教員が不適切指導をしないことです。これまで、学校

はある意味で「聖域」として、教員の言動が社会にさらされることはほぼありませんでした。しかし、携帯電話の持ち込みが認められれば、録画・録音される可能性も十分にあります。ある意味では、教員自身が自分の指導方法が広く社会全体に許容されるものか、振り返る良い機会になります。

　その上で書きますが、身もふたもないことを言えば、動画がアップされ、拡散されてしまった時点で、もはやどうにもなりません。マスコミ等が押し寄せてきたら、教育委員会とも連絡を取りながら、丁寧に対応していくしかないでしょう。取材対応の際は、窓口を一本化し、デマが飛び交わないようにするなどの措置が必要です。

　しかし、いくら丁寧かつ誠実に対応しても、しばらくの間は学校が混乱し、日々の教育活動にも大きな支障が生じるのは避けられません。それだけに、教員の保身の意味だけでなく、学校の平穏な教育活動を守る意味でも、日頃から校内での使用禁止を徹底し、子供たちのリテラシーや自己指導能力を育んでいくことが大事です。

　以前、神戸市で教員間のいじめ事件がありました。この事件では、先輩の教員が後輩の教員に激辛カレーを食べさせたというニュースが飛び交いましたが、当初は半信半疑だった人もいることでしょう。ところが、実際にそのシーンを撮影した動画が出てきたことで、世間のバッシングは爆発的に広がりました。

　また、日本大学のアメフト部が、監督の指示の下、相手チームの選手にレイトタックル（プレーが終わった後のタックルで反則行為）をし、

けがを負わせたことがありました。スポーツ界においては、ひょっとしたら過去にも同じようなことがあったかもしれませんが、全国ニュースになることはありませんでした。しかし、この時は動画が出てきたことで大騒動となり、アメフト部はもちろん、大学そのものまでもが批判の対象となりました。

　こうして見ても、動画の影響力というのが、凄まじいことが分かります。教室においても、教員の不適切指導がこっそり撮影され、SNSなどで炎上すれば、もはやどうにもなりません。大事なのは予防です。一刻も早く、生徒主体によるルールづくりを進め、生徒たちが正しいリテラシーを持って携帯電話を使えるようにしていくことが大事です。リスクは、すぐそこまで来ていると認識してください。

　繰り返しになりますが、教師の学校での所作の一つ一つが、子供たちのSNS等を通して社会全体に問題提起される時代がすぐそこまで来ています。子供たちとの信頼関係の中で発した言葉の一部が切り取られて、「問題発言」として地域社会の大問題に発展したケースに、私自身も多数関わっています。多くの場合、録音データが地方議会で取り上げられ、糾弾されます。
　昔から「ボイスレコーダーで録音」ということはありましたが、実際に所持している子供は皆無で、よほどの場合だけでした。しかし、今はスマホに最初からボイスレコーダー機能が搭載されています。私が最近対応した保護者は、学校と何らかの対話をする場合は、ほぼ全員がこっそり先生との対話を録音しておられました。保護者との会話は録音されているものと考えておくべきでしょう。また、大きな生徒指導事案で保

護者を集めた場合も、誰かが必ず録音していると考えるべきです。

　実際に私が関わったケースです。いじめ指導の場面で、ある小学校教員が「こんないじめをするお前は生きていく資格はない。すぐ死んでお詫びしろ！」と怒鳴っている声が録音されました。障害のある児童をいじめたのが、どうしても許せず、加害児童にしっかり反省を促したかったのでしょう。そういう愛情があっての言葉だと私は信じたいですが、「死んでお詫び」と言われた小学生、そしてその保護者の気持ちも深刻です。市全体を揺るがす大問題になりつつあります。

　本書で紹介した多くの事例は、プライバシー保護のために一部を改変していますが、どれも事実に基づいたエピソードです。
　「携帯電話が持ち込まれて、教員の悪行三昧が明るみに出るから行動を改めるべきだ」と言いたいわけではありません。愛情があっても、子供のためであっても、許されることと許されないことがあります。携帯電話の持ち込みの問題を考える際、その辺りのことを再認識する良い機会だと思います。

おわりに

　本書では、学校への携帯電話の持ち込みルール改正をきっかけに、学校や家庭の課題について見てきました。10年後、子供たちは普通に学校へ携帯電話を持ち込む時代になっていると思います。「情報端末側での使用制限」「学校、家庭でのルールづくり」等の整備が必須で、そういう状況を整えていかないと、明るい未来は想像できない状況です。

　2019年、私は研究室に出入りする学生たちと、「ユニセフスマホサミット」のコーディネートをさせていただきました。サミットで、「ネットは道路と同じ。道を使わないと事故に遭わないがそういうわけにはいかない。賢い使い方を身に付けさせたい」という言葉を聞き、とても感銘を受けました。

　道路には信号があり、各国で右側通行、左側通行が決まっています。自動車やバイクを運転するには運転免許証が必要で、飲酒運転は厳しく罰せられます。さらに最近は、ある年齢が来たら免許証を返納する動きまで出てきています。いずれも、命を守るためです。

　昨今、「ネットでの誹謗中傷を苦に自殺？」「小4がオンラインゲームで知り合った大人に誘拐？」などの報道が連日、マスコミを賑わせています。さらにWHO（世界保健機関）が「ゲーム障害」を正式に病気に認定しました。

　つまり、スマホの正しい使用は命に係わる問題なのです。しかも、そういう機器を乳幼児が使用し始めています。私たちの社会は本気でこの問題に向き合う必要があります。ネットにおける信号とは何なのでしょ

う？　運転免許証とは何なのでしょう？　学校だけ、家庭だけの問題ではなく、社会全体の問題です。「携帯電話の持ち込み」は、そういうさまざまな問題、課題のうちの大きな一つだという位置付けです。

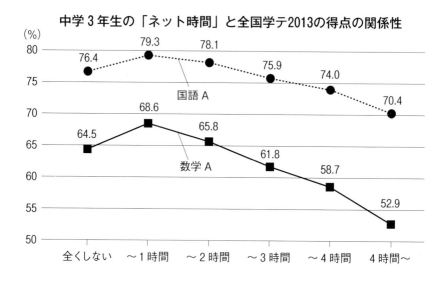

中学3年生の「ネット時間」と全国学テ2013の得点の関係性

　上の図は、少し古い（2013年）ですが、日本中の中学3年生の「ネット時間」と全国学テの得点の関係性を表したものです。文部科学省のデータを私が分かりやすくグラフ化しました。私たちの認識通り、一見して、使用時間が長い子供ほど得点が低いことが分かります。

　しかし、図をよく見ると、一番左側の「全くしない」生徒は、「2時間以下」の生徒よりも点数が低いのです。どういうことでしょうか。

　大人で議論すると、「貧困問題」が最初に挙がります。断言はできませんが、私の最近の調査では「貧困家庭の多くは、スマホだけは早く持たせている」ことが分かっているので、今回はその見解は除外しましょう。

他には「問題解決能力の問題」「ネット検索の成果」などの答えが出てきますが、サミットで高校生に「どうして『〜1時間』の生徒が一番点が高いと思う？」と聞くと即座にこう答えてくれました。

　「一番成績良い子は『1時間しかしない子』ではなくて『1時間でやめられる子』です。」

　つまり、「自律した子」の点数が一番良い、という見解です。非常に納得しましたが、彼はこう付け加えました。

　「それか、怖いお母さんがついてる子。中3で4時間も使うなんて自殺行為で、親の顔が見たい（笑）。」

　高校生の言葉から、私たちは学ばなければなりません。私たちの社会は携帯電話の使い方を通して、子供たちに自律を促す必要があります。しかし、子供だから上手に使えない場合も多々あります。そういう子には、指導やしつけに躊躇する必要はありません。大人としてダメなものはダメだとしっかり叱ってあげなければ、高校生に「親の顔が見たい」「教師の顔が見たい」と笑われてしまいます。

　これから先、試行錯誤が続きます。学校で新しいルールができたり、スマホの新しい機能で子供を守ったりするようになるかもしれません。例えば、香川県でオンラインゲームに関する条例ができ、賛否渦巻いています。マスコミの方によく意見を求められますが、私は賛成派・反対派のどちらの方にも共鳴しています。条例の中で目安とはいえ、1日の使用時間まで言及している点などは、意見が分かれることも多いでしょう。しかし、どちらの意見も「子供たちの未来のための方策を考えている」という部分では同じです。

　私は、「子供に任せ、自由にさせるべきだ」という意見には反対です。「自転車の乗り方も、何度も転んで覚える。ネットも同じ」といった意

見は、一見進歩的ですが危険です。ネットでの失敗は人生を左右します。

　お子さんがネットゲームに夢中で心配な保護者に「気が済むまでやらせなさい。そのうち飽きます」という意見にも反対です。昔のボードゲームや外遊びとは違って、今のゲームは飽きることがありませんし、天候や時間に左右されません。夢中になる子には、適切な大人の介入が必要です。

　「あなたを信じているから、スマホのルールは定めません」という保護者の意見にも反対です。一日中寝食を忘れて YouTube を見続ける幼稚園児を放置する保護者はいないでしょう。20歳を過ぎてからスマホを与えるならまだしも、ネット利用が低年齢化していきている今、年齢に応じたルール設定が必須なことは自明です。利用時間、課金管理、ネットでの出会いなどに関するルールは、最低限決めておかないと大変なことになります。大人でも使いこなせていない機器の管理を子供に求めるのは大人の怠慢です。保護者にだけ任せるのも無理です。保護者を含め、学校、地域、家庭、企業、自治体、全てを巻き込んだ対策が不可欠です。私たちの社会は、これから大切な10年を迎えます。ここで正しい試行錯誤ができないと大ごとになります。

　2020年秋、寝食を忘れて執筆に取り組みました。ここに書いた私の意見が全て正しいとは思っていません。ぜひ、ネット等での匿名での批判ではなく、ご自身の意見をしっかりと私に届けてください。子供たちの未来のために、大人たちの「冷静」で「熱い」議論が必要です。

　これから先、社会全体で行われる携帯電話対策の試行錯誤において、本書が一石を投じることができたら、とてもうれしく思います。

2021年1月　竹内　和雄

2 文科初第670号

令和 2 年 7 月31日

各都道府県教育委員会教育長
各指定都市教育委員会教育長
各都道府県知事
各指定都市長
附属学校を置く各国立大学法人学長　　　　　殿
附属学校を置く各公立大学法人学長
小中高等学校を設置する学校設置会社を
所轄する構造改革特別区域法第12条
第 1 項の認定を受けた各地方公共団体の長

文部科学省初等中等教育局長

瀧 本 寛

学校における携帯電話の取扱い等について（通知）

　児童生徒の学校における携帯電話の取扱いに関する方針等については、
「児童生徒が利用する携帯電話等をめぐる問題への取組の徹底について（通
知）」（平成20年 7 月25日付け20文科初第49号初等中等教育局長、スポーツ・
青少年局長通知）及び「学校における携帯電話の取扱い等について（通知）」
（平成21年 1 月30日付け20文科初第1156号初等中等教育局長通知）により既
に通知したところですが、今般の「学校における携帯電話の取扱い等に関す
る有識者会議」における審議の結果（別添 2 参照）を踏まえて、学校及び教
育委員会の取組の基本とすべき事項を示しましたので、貴職におかれては、
下記の事項に十分ご留意の上、関係部署、関係機関と連携しつつ、学校にお

ける携帯電話の取扱い、情報モラル教育の充実等について、これまでの施策や方針の検証・見直しを行うなど、各地域の実情に応じて更なる取組の充実を図るようお願いします。

　なお、都道府県・指定都市教育委員会にあっては所管の学校及び域内の市区町村教育委員会等に対して、都道府県・指定都市にあっては所轄の学校法人及び私立学校に対して、附属学校を置く国立大学法人及び附属学校を置く公立大学法人にあっては附属学校に対して、構造改革特別区域法第12条第1項の認定を受けた地方公共団体にあっては認可した学校に対して、この趣旨について周知を図るとともに、適切な対応がなされるよう御指導をお願いします。

記

1　学校における携帯電話の取扱いについて

　学校及び教育委員会においては、学校における携帯電話の取扱いに関して、各学校や地域の実態を踏まえた上で、次に示す指針に沿って、基本的な指導方針を定め、児童生徒及び保護者に周知するとともに、児童生徒へ指導を行っていくこと。

　指導方針の作成及び実施に当たっては、あらかじめ児童生徒や保護者等に対し、指導方針と併せて携帯電話の学校への持込みの問題点について周知を行うなど、学校の取組に対する理解を得つつ、協力体制を構築すること。

（1）小学校

① 携帯電話は、学校における教育活動に直接必要のない物であることから、小学校においては、学校への児童の携帯電話の持込みについては、原則禁止とすべきであること。

② 携帯電話を緊急の連絡手段とせざるを得ない場合その他やむを得ない事情（例えば、登下校時の児童の安全確保や遠距離通学、公共交通機関を利用した通学のためなど）も想定されることから、そのような場合には、保護者から学校長に対し、児童による携帯電話（例えば、子供向け携帯電話やフィルタリングによる機能の制限を設けた携帯電話など）の学校への持込みの許可を申請させるなど、例外的に持込みを認めることも考えられること。このような場合には、校内での使用を禁止したり、登校後に学校で一時的に預かり下校時に返却したりするなど、学校での教育活動に支障がないよう配慮す

ること。

（2）中学校
① 携帯電話は、学校における教育活動に直接必要のない物であることから、中学校においては、学校への生徒の携帯電話の持込みについては、原則禁止とすべきであること。なお、その際、上記（1）小学校の②に示したように、個別の状況に応じて、例外的に持込みを認めることも考えられること。あるいは、学校又は教育委員会として持込みを認める場合には、下記（2）の②に示すように、一定の条件のもとで持込みを認めるべきであること。
② 学校又は教育委員会として持込みを認める場合には、一定の条件として、学校と生徒・保護者との間で以下の事項について合意がなされ、必要な環境の整備や措置が講じられている場合に限って、持込みを認めるべきであること。このような場合には、校内での使用を禁止したり、登校後に学校で一時的に預かり下校時に返却したりするなど、学校での教育活動に支障がないよう配慮すること。また、登下校時においても、マナー違反の増加等のトラブルが生じないよう、家庭や地域と連携しつつ、配慮すること。
⑴ 生徒が自らを律することができるようなルールを、学校のほか、生徒や保護者が主体的に考え、協力して作る機会を設けること
⑵ 学校における管理方法や、紛失等のトラブルが発生した場合の責任の所在が明確にされていること
⑶ フィルタリングが保護者の責任のもとで適切に設定されていること
⑷ 携帯電話の危険性や正しい使い方に関する指導が学校及び家庭において適切に行われていること

（3）高等学校
① 携帯電話は、学校における教育活動に直接必要のない物であることから、授業中の生徒による携帯電話の使用を禁止したり、学校内での生徒による携帯電話の使用を一律に禁止したりするなど、学校及び地域の実態を踏まえ、学校での教育活動に支障が生じないよう校内における生徒の携帯電話の使用を制限すべきであること。
② 学校が学校及び地域の実態を踏まえて生徒による携帯電話の学校への持込みを禁止することも考えられること。

（4）特別支援学校

　学校への児童生徒の携帯電話の持込みについては、各学校及び教育委員会において、学校及び地域の実態を踏まえて判断すること。その際、学校での教育活動に支障がないよう配慮すること。

（5）教育委員会

　教育委員会においては、各学校における携帯電話の取扱いが適切になされるよう、上記（1）から（4）までに関する基本的指導方針を定めて学校に対して示すなどして、所管の学校に対する指導を徹底すること。

2　学校における情報モラル教育の取組について

　携帯電話・スマートフォンやSNSが児童生徒にも急速に普及する中で、児童生徒が、自他の権利を尊重し情報社会での行動に責任をもつとともに、犯罪被害を含む危険を回避し、情報を正しく安全に利用できるようにするなど、学校における情報モラル教育は極めて重要である。そのため、学習指導要領に基づき、文部科学省や各種団体が作成している教材等を利用するなど、より一層情報モラル教育の充実に取り組むこと。

3　「ネット上のいじめ」等に関する取組の徹底について

　各学校及び教育委員会においては、「いじめ防止対策推進法」（平成25年法律第71号）及び「いじめの防止等のための基本的な方針」（平成25年10月11日文部科学大臣決定　最終改定平成29年3月14日）等を踏まえ、「ネット上のいじめ」を含むいじめ等に対する取組の更なる徹底を進めていくこと。

4　家庭や地域に対する働きかけについて

　「ネット上のいじめ」等は学校外でも行われており、学校だけでなく、家庭や地域における取組も重要である。携帯電話を児童生徒に持たせるかどうかについては、まずは保護者がその利便性や危険性について十分に理解した上で、各家庭において必要性を判断するとともに、携帯電話を持たせる場合には、家庭で携帯電話利用に関するルールづくりを行うなど、児童生徒の利用の状況を把握し、学校・家庭・地域が連携し、身近な大人が児童生徒を見

守る体制づくりを行う必要があること。

　学校及び教育委員会等は、児童生徒を「ネット上のいじめ」や犯罪被害から守るために、引き続き、保護者を始めとする関係者に対し、効果的な説明の機会を捉えて携帯電話等を通じた有害情報の危険性や対応策についての啓発活動を積極的に行い、家庭における携帯電話利用に関するルールづくりやフィルタリングの利用促進に努めること。

【本件担当】
文部科学省初等中等教育局児童生徒課生徒指導室
生徒指導企画係
電　話：03-5253-4111（内線：3298）
FAX：03-6734-3735
E-mail：s-sidou@mext.go.jp

【著者プロフィール】

竹内和雄（たけうち・かずお）

兵庫県立大学環境人間学部准教授（教職担当）。公立中学校で20年生徒指導主事等を担当（途中小学校兼務）。寝屋川市教委指導主事を経て2012年より現職。生徒指導を専門とし、いじめ、不登校、ネット問題、生徒会活動等を研究している。文部科学省、総務省、内閣府等で、子どもとネット問題についての委員を歴任。NHK「視点・論点」「クローズアップ現代」等にも出演。2014年ウィーン大学客員研究員。

スマホ・ケータイ持ち込みの基本ルール
～学校でのリスク・トラブルをどう防ぐか～

2021年2月15日　第1版第1刷発行

著　者　　竹内　和雄

発行人　　花岡　萬之

発行所　学事出版株式会社

　　　　　〒101-0021

　　　　　東京都千代田区外神田2-2-3

　　　　　電話　03-3255-5471

　　　　　http://www.gakuji.co.jp/

編集担当　　　花岡　萬之
制作協力　　　株式会社コンテクスト
印刷・製本　　精文堂印刷株式会社

落丁・乱丁本はお取り替えいたします。
ISBN978-4-7619-2683-0　C3037